BIST DU UNTERLIEBT?

Mehr Bäume.
Weniger CO_2.
www.cpibooks.de/klimaneutral

MIX
Papier aus verantwortungsvollen Quellen
FSC® C083411
FSC
www.fsc.org

Eugen Prehsler: Bist du unterliebt?

www.edition-a.at

Cover: JaeHee Lee
Gestaltung: Hidsch
Lektorat: Angelika Slavik

Gesetzt in der *Quiroga Serif Std*
Gedruckt in Europa

1 2 3 4 5 — 19 18 17 16

ISBN 978-3-99001-158-4

Bist du unterliebt?

Selbstliebe für Anfänger

edition a

Inhalt

UNTERLIEBT ♥ Eine Vorwortgeschichte

Ein grauer Oktobertag 1998. Irgendwo in der Steiermark.

Ein großes österreichisches Unternehmen hat mich beauftragt, seine Mitarbeiter zu motivieren und sie auf die neue Strategie einzuschwören. Ich bin für zwei Tage gebucht. Ein Blick aus dem Hotelzimmerfenster. Draußen ist es grau. Nebel. Die wunderschöne Steiermark gibt sich bedeckt. Ich nehme meine Unterlagen und trete auf den Gang hinaus. Kalte Beleuchtung. Ich gehe den langen Gang zum Seminarraum. Vorbei an Bildern von Rom, Florenz und Venedig. Was soll ich mit diesen Bildern? Hotels erzählen oft sehr eigenartige Geschichten. Ich betrete den Seminarraum.

Das Licht ist grau. Die Tische sind grau. Die Sessel sind grau. Die Pinnwände sind grau. Draußen der Nebel. Der Teppich ist schwarz, wegen der Flecken. Der Kaffee ist farblich eher schwer zu definieren. Ich nehme mir trotzdem einen. Setze mich und warte. Vor mir nehmen die 23 Teilnehmer nach und nach Platz. Die Unterhaltung ist spärlich. Lachen fehlt. Die Gesichter sind fahl. Die Zahlen sind rot. Deshalb hat mich ja das Unternehmen gebucht. Deshalb ja auch die neue Strategie. Ich soll die Widerstände gegen die neue Strategie behandeln und die Menschen zu neuen Höchstleistungen anspornen. Wenn ich gute Arbeit mache, werden die Zahlen dann auch wieder grau, vielleicht sogar schwarz.

Die im Raum vorhandene Energie kannst du mit einem alten Wettex zusammenwischen. Die Angst ist spürbar. Gepaart mit Unlust. Wenn die selbst entscheiden könnten, wären die sicher nicht hier. So gut sind die Brötchen auch nicht.

23 Menschen.

Ich mach mir meine üblichen Gedanken. Fühle mich in die Gruppe ein. Wen hab ich denn da so vor mir? Nach meinen damaligen Erfahrungswerten:

- 8, die gerne eine Beziehung hätten
- 12, die sich in ihrer Beziehung nicht mehr wohl fühlen
- 16, die sexuell frustriert sind
- 2, die sexuell missbraucht worden sind
- 1-2, die bereits lösungsorientiert über Selbstmord nachdenken.
- 6, die ein ausgeprägtes Helfersyndrom haben
- 5, die unfruchtbar sind
- 4, deren Kinder drogenabhängig sind (vorzugsweise Pharmazeutika)
- 6, die ihre Kinder schlagen
- 7, deren bester Freund der Alkohol ist
- 14, die sich fragen, wozu mach ich den ganzen Blödsinn eigentlich noch. Und damit nicht nur diesen Workshop meinen.
- 5, die viele Überstunden machen, um sich ihren Therapeuten leisten zu können, der ihnen dann sagt, sie sollen keine Überstunden machen.
- 9, die viele Überstunden machen, um es dem Papa oder wem auch immer zu beweisen
- 17, die einfach Angst haben. Vor dem Atomkrieg und dem

Leben überhaupt. Besonders davor, dass ihnen das Geld ausgeht. Das war 1998. Heute haben die Menschen weniger Angst vor dem Atomkrieg. Dafür fürchten sie sich vor Terror und Überfremdung. Die Geldangst ist noch immer da.

- 9, die sich als Opfer der Umstände fühlen
- 6, die sich mit ihren Wünschen an das Universum richten
- 5, die sich komplett auf ihr Großhirn konzentrieren. Gefühle – nein, danke!
- 13, die den Job wechseln möchten
- 18, die den Job nicht verlieren möchten. (Da sind auch ein paar dabei, die den Job gerne wechseln würden. Diese Ambivalenz ist ein weit verbreitetes Phänomen. Gibt es auch in Beziehungen.)
- 11, die sich nicht sicher sind, ob sie's noch darennen
- 22, die sich denken, was will der Trottel da vorne eigentlich
- 1, der 23., sitzt noch am Klo

Diese Truppe soll ich nun begeistern und zur Höchstform führen. Zum Glück haben die meisten dieser 23 Menschen auch tolle Fähigkeiten. Die sind auch begeisterungsfähig. Energie ist genug da. Sie ist nur gut versteckt und im Schlummermodus. Ich muss sie nur wecken. Ich werde diese Menschen und ihre Energie in den nächsten Stunden zum Erblühen bringen. Ich bin gut. In spätestens 15 Minuten lächelt die oder der erste. Nach zwei Stunden, spätestens aber am Ende des Vormittags gehören sie mir alle.

Doch an diesem tristen Oktobertag stelle ich mir zum ersten Mal bewusst die Frage: »Warum sind die eigentlich so schlecht drauf?« Auf die Welt sind die ja alle ganz anders gekommen. Und jetzt das da.

Bis zum Abend stehen auf meinem Block dann noch die Fragen:

- »Wer hat die so gemacht?«
- »Wer braucht solche Menschen?«
- »Wer hat einen Nutzen davon?«
- »Was kann man dagegen machen?«

Jetzt, an diesem grauen Oktobertag in der Steiermark, warten diese 22 Menschen darauf, dass ich beginne. Ich warte auf den 23., der hoffentlich bald vom Klo kommt. Die Tür geht auf. Da ist er endlich. Murmelt irgendeine Entschuldigung, die niemanden interessiert. Ich beginne meine Arbeit. Auf der Flipchart steht mein Name.

UNTERLIEBT ♥ **Ich. Mit H und S.**

Mein Name ist Eugen Prehsler, Prehsler mit H S. Das ist die alte Schreibweise für das scharfe ß. Mein Vater hat sich erfolgreich gegen die Veränderung unseres Familiennamens gewehrt. Das war damals in den Siebzigern, glaube ich. Wir sind die einzigen Pressssler mit H S.

Das ist Ihnen wohl ziemlich egal. Auch gut. Aber Vorstellen gehört nun mal zum guten Ton.

Ich habe Handelswissenschaften und Kunstgeschichte studiert. Mit 25 gründete ich meine eigene Firma. Die besteht heute noch. Angefangen habe ich mit Fernostimporten. Dann wurde ich Unternehmensberater, Trainer und Coach. Mit 22 habe ich geheiratet. Ulli. Wir sind noch immer zusammen. Ich bin 56 und vierfacher Vater. David 34, Sarah 32, Rafael 29 und Hannah 26. Diese Namen haben wir gewählt, weil sie uns gefielen und weil sie international sind. Wir wollten damals auswandern. Südamerika oder Neuseeland. Großvater bin ich auch schon. Paul 1. Nein, nicht Paul der Erste, sondern Paul der Einjährige.

Ich habe keine Ahnung, wer Sie sind und wie Sie heißen. Ich freue mich aber sehr, dass Sie da sind. Ein Buch ohne Leser hat wenig Sinn. Herzlich willkommen. Mögen Sie Ihren Namen? Hat das Einfluss auf Ihren Selbstwert und Ihre Selbstliebe? Würden Sie gerne anders heißen? Wie denn? Bei den alten Römern konnte man seine Kinder einfach durchnummerieren. Im Jahr 134 hätte ich unsere Kinder Primus, Sekunda, Tertius und Quarta nennen können. Das hätte ich mir sicher leichter gemerkt. Ob meine Jüngste eine große Freude gehabt hätte, ihr ganzes Leben lang *die Vierte* zu sein, bezweifle ich aber eher. Waren Sie vielleicht Ihr Leben lang nur der Zweite oder die Dritte, auch wenn Sie Karl oder Lydia heißen? Wenn die Geschwister einem selbst vorgezogen werden, geht das auch ganz schön auf den Selbstwert. Manche Indianerstämme haben sich bei ihren Namen auf Ereignisse bezogen. *Der mit dem Wolf tanzt* kennen Sie wohl. Oder *Adya*. Das bedeutet *an einem Sonntag geboren*. Die indianische Sprache ist offensichtlich effizienter als die deutsche. Name ist das aber auch keiner, oder? Wie könnte das in unserem Kulturkreis aussehen? Würden wir dann vielleicht so heißen: *Schlechtes Fernsehprogramm, Ergebnis eines Firmenweihnachtsfeierquickies, doch noch nicht Klimakterium, der Retortensieger, der mit den Steuergeldern in die Schweiz geflüchtet ist* oder *Größter gemeinsamer Nenner einer Patchworkfamilie?* Das kommt auch nicht wirklich gut. So etwas schreibt man nicht auf seine Visitenkarte. Vielleicht gäbe es aber auch Namen wie *während einer Vollmondnacht in Liebe gezeugt*. Das wäre zwar schon ein schöner Name, nur in unserer Kultur wohl auch eher alltagsuntauglich. Können Sie sich vorstellen, sich so am Telefon zu melden. »Guten Tag. Sie sprechen mit Der während einer Vollmondnacht in Liebe Gezeugte. Was kann ich für Sie tun?« Wäre schon etwas anderes. Auf jeden Fall einmal Verwirrung auf der anderen Seite. Unser Name ist Teil unserer Identität. Unsere Identität hat viel mit unserem Selbstwert zu tun.

Wie gesagt, Ihren Namen kenne ich nicht. Ich weiß gar nichts über Sie. Auch nicht, in welcher Verfassung Sie gerade sind. Welche Emotionen Sie gerade haben. Vielleicht sind Sie heute wie ein angerotztes Taschentuch komplett energielos aus dem Bett rausgefallen, haben sich dann zur U-Bahn geschleppt, sind in der stinkenden U-Bahn zur Arbeit gefahren oder im Stau zur Arbeit gestanden. Dort war es auch unlustig. Zuerst der Kaffeeautomat. Fünf Tropfen in die Tasse, der Rest daneben. Schon die ersten Kaffeeflecken auf der neuen Anzugshose oder auf dem Kostüm. Dann den PC aufgedreht und die frohe Botschaft vernommen: *größtmöglicher Fehler*. Der Chef war grantig, die Kunden waren nervig. Und jetzt flüchten Sie sich in Ihrer Energielosigkeit in meine Seiten, um zu entspannen. Oder sich abzureagieren. Vielleicht suchen Sie gerade jemanden, auf den Sie böse sein, den Sie niedermachen können. Das hilft ja kurzfristig gegen eine Selbstwertdelle. Wenn dem so ist, bin ich froh, dass Sie das nur verbal ausleben können. Würde ich auf einer Bühne stehen, könnten Sie mich ja mit faulen Eiern und verschimmelten Paradeisern bewerfen.

Vielleicht sind Sie heute in der Früh voller Begeisterung und Energie aus dem Bett gesprungen. Mit einem Lächeln auf den Lippen. Haben den Tag und das Leben begrüßt. Sind freudestrahlend in die Arbeit gefahren. Das hat die anderen in der U-Bahn oder im Stau sicher sehr irritiert. Wahrscheinlich auch Ihre Kollegen am Arbeitsplatz. Sie ließen sich aber nicht beirren und hatten ein Erfolgserlebnis nach dem anderen. Sie bekamen jede Menge Anerkennung von allen Seiten. Sogar der Chef hat Ihnen auf die Schulter geklopft. Sie waren in Höchstform und das Leben war gut zu Ihnen. Und jetzt gönnen Sie sich für diesen glorreichen Tag als Belohnung ein paar Seiten mit mir. Also ich als Belohnung für Sie… das gefällt mir schon sehr gut. Da bedaure ich, dass wir uns nur hier im Buch treffen und nicht irgendwo an einer Bar oder auf einer gemeinsamen Wanderung den Strand entlang oder rauf in die Berge. So gut, wie Sie drauf sind, könnten wir auch miteinander kochen. Ich mach das gerne mit Menschen, die gerade das Leben lieben. Vielleicht eines Ihrer Lieblingsrezepte. Oder eines von meinen 148. Zum Beispiel Serbische Vögerl. Das ist von meiner Frau. Sie hat mir aber die Erlaubnis gegeben, es Ihnen zu verraten. Obwohl sie auch nicht weiß, wer Sie sind. Bisher wurde dieses Rezept nur mündlich innerhalb der Familie weitergegeben. Jetzt also zum ersten Mal der Öffentlichkeit preisgegeben. Ihnen. Nehmen Sie das als meinen Vertrauensvorschuss an Sie.

Serbische Vögerl

Man nimmt Schopfbratenscheiben, so ca. 1 cm stark. Zart klopfen (so eine Angabe kann nur aus Frauenmund stammen). Auf beiden Seiten salzen und pfeffern. Auf der Innenseite mit Senf bestreichen. Dann Gurkerln und Pfefferoni in kleine Stifte schneiden und auf die Senfseite legen. Einrollen und mit Zahnstochern oder kleinen Metallspießchen fixieren. Mit Butter einstreichen und ab in den Griller. Jeweils ca. 10 Minuten auf beiden Seiten. Dann noch einmal wenden und richtig schön braun-krustelig werden lassen. Fertig.
Dazu Reis. Wir wollen ja gesund essen.
Und ein herrliches Bier.
Für mich ist der ultimative Genuss der Bratensaft.
Ein Wahnsinn!
Und nachhaltig. Ich trage davon seit Jahren sicher so zwei bis drei Kilos mit mir rum.
Übrigens: Sollten Sie oder einer Ihrer Verwandten, Bekannten, Freunde doch wider Erwarten dieses Rezept schon kennen – bitte gleich melden.
Vom Namen her gehe ich davon aus, dass früher das Rezept wirklich mit gefangenen Singvögeln gemacht wurde. Wahrscheinlich hat man diese gefüllt. Singvögel waren ja nicht nur in Italien, sondern auch am Balkan klassische Pausenschmankerln.

Ich habe aber weder in Serbien noch in Italien – noch im weltweiten Netz – Spuren von diesem Rezept gefunden.

Vielleicht werden die Serbischen Vögerl ja einmal immaterielles UNESCO-Welterbe.

Danke Ulli. Meine Frau kocht wirklich gut. Und ich esse sehr gut. Komplementäre Fähigkeiten sozusagen. Das ist eine starke Basis für 34 Jahre Ehe.

Wenn Sie zur Schweinefleischfresserherde und zum Stamm der Biertrinker gehören, dann hat Ihnen dieser Kasten wahrscheinlich Freude gemacht und Sie sind jetzt hungrig. Ich habe Ihr Vertrauen schon ein bisschen gewonnen. Wir haben ja etwas Gemeinsames. Wenn Sie zur veganen Herde gehören und Ihre Lieblingsflüssigkeit ist Kräutertee oder naturtrüber Apfelsaft mit Leitungswasser gespritzt oder wenn Sie strenggläubiger Moslem sind, dann ist die Geschichte eher nicht gut angekommen. Vielleicht haben Sie sich sogar beleidigt gefühlt und sind jetzt böse auf mich. Überhaupt, wenn Ihr heutiger Tag eh schon nicht so gut war. Dabei geht es nur um ein altes Rezept. Und Sie sind schon misstrauisch. Nur weil ich anders bin als Sie.

Wie gesagt, ich habe keine Ahnung, wer Sie sind, was Sie gerne essen und mit welchen Erwartungen Sie in dieses Buch gekommen sind.

Ich mache Ihnen einen Vorschlag. Nehmen Sie sich ein Glas schönen Rot- oder Weißwein oder ein kühles Bier. Wenn Sie eher von der Antialkoholfraktion sind, dann eben den gesunden Kräutertee oder einen herrlichen naturtrüben Irgendwassaft. Unser Rendez-Vous wird länger dauern, vielleicht sogar bis zum Morgengrauen. Legen Sie sich eine schöne CD ein oder laden Sie sich etwas Gutes aus dem Internet runter.

Bei mir spielt gerade Ali Farka Touré – Musique d'Afrique »African Odyssey«. Hat mir meine ältere Tochter Sarah geschenkt. Die Sekunda. Wunderbar. Beides, die Musik und meine Tochter.

Ich denke und schreibe, deshalb bin ich. Sie nehmen sich, was Sie brauchen. Einverstanden? Das ist ein faires Abkommen, finde ich. Ich bin ja in der schwächeren Position. Ich oute mich hier ja, während Sie in Ihrer Anonymität den Daumen nach oben oder nach unten richten können. Anonymität macht Menschen anders, mit einer Tendenz zu gefährlich. Die Aktiengesellschaft heißt ja im Französischen so beeindruckend ehrlich *société anonyme*.

Jetzt hab ich mir selbst Angst gemacht. Vor Ihnen. Sie sind irgendwo da draußen und haben die Macht, mir wohl gesonnen zu sein oder mich zu zerstören. Sie können über dieses Buch in den höchsten Tönen schwärmen oder es vollkommen zerreißen. Ob Sie das tun, in welcher Intensität und auf welche Art, hängt sehr von Ihrem Selbstwert ab. Wahrscheinlich mehr als von der Qualität meiner Gedanken und meiner Art zu schreiben. Puhhh. Unter Angst denkt es sich so schlecht. Da will ich Ihnen dann gefallen, damit Sie mir nichts Böses tun. Irgendwie bin ich ja von Ihrer Anerkennung abhängig. Sie kennen das sicher aus Ihrem Alltag. Menschen, die sich ständig anbiedern, andere anschleimen. Manchmal aus Berechnung, meistens aus Angst. Ich mag das nicht. Ich mache das auch bei Ihnen nicht. Soll ich Ihnen vielleicht schreiben, dass Sie mein Traumleser oder meine Wunschleserin sind? Dass Sie tolle Augen, ein bezauberndes Lächeln und eine attraktive Ausstrahlung haben und mich total inspirieren? Dass ich mein ganzes Leben nur auf Sie gewartet habe? Das Sie ein einzigartiges Original sind? Also ehrlich, wenn das bei Ihnen funktioniert und Sie sich darüber freuen, dann haben Sie schon ein wirklich großes Selbstwert- und Selbstliebeproblem. Die natürlichere und angemessenere Reaktion wäre, dass Sie einfach angeekelt sind, mich einen oberflächlichen und penetranten Psychofuzzi schimpfen und das Buch im Altpapier entsorgen.

Da sind wir also. Sie mit Ihrer Macht der Anonymität und ich mit meiner Angst vor Ihnen. So geht das nicht. Da kann ich nicht schreiben. Ich brauche ein konkretes Vis-a-Vis. Ein möglichst nettes, das mich hie und da anlächelt und mir Mut macht. Ich könnte mich jetzt in die Marktforschung flüchten und Sie in ein Zielgruppenprofil oder einen Cluster pressen. *Der durchschnittliche Leser ist weiblich, über 45, einmal geschieden, bereits mit Therapieerfahrung und überfordert durch den eigenen Perfektionismus. Sie liest auch die folgenden Bücher xy. Gibt jährlich 86 Euro für Bücher und 198 Euro für Frauenmagazine aus.* Oder *die Kernzielgruppe sind Männer zwischen 38 und 52, in gehobenen Führungspositionen mit einem durchschnittlichen Jahreseinkommen von 68.000 Euro. Verheiratet, 1,47-facher Vater mit einem außerehelichen Verhältnis. In der Midlifecrisis auf der Suche nach dem Selbst und Anzeichen von Burn Out.* Ich mag so etwas nicht. Sie wohl auch nicht. Obwohl wir beide ständig in solche Cluster und Zielgruppendefinitionen gepresst werden. Wir machen das hier aber nicht. Mir ist das zu wenig konkret, zu wenig menschlich und zu wenig individuell. Ein bisschen würdelos und auf jeden Fall zu wenig wertschätzend. Außerdem trifft diese Merkmalkonsolidierung auf Sie wahrscheinlich nicht zu. Sie sind dann eine *statische Abweichung*. Mit so etwas unterhalte ich mich auch eher ungern. Das ist ja auch kein guter Name: *Statische Abweichung*?

Wir lösen das anders. Sie bleiben ein mir völlig unbekannter, realer, aber anonymer Mensch. Meine Leserin, mein Leser, über die ich mich freue. Ich bleibe beim *Sie* und rede Sie nicht per *Du* an, so als ob wir langjährige Freunde wären oder Sie Skilehrer oder Yogalehrerin und ich Ihr Schüler. Lassen Sie uns Distanz wahren. Dafür erfinde ich mir fünf virtuelle Leser. Mit denen führe ich einen Dialog, wenn mir danach ist. Der Held des Buches bleibe aber ich.

Also, ich stelle Ihnen vor.

Den 64-jährigen Rudi. Ein lieber Herr. Rudi wohnt in Lausanne. Eine schöne Stadt am Genfer See, leider etwas teuer. Zumindest für Nichtschweizer. Rudi, mit 64 liest du noch solche Bücher? Der Titel hat dich angesprochen? Ach so. Dafür haben wir ihn uns ja auch ausgedacht. Wie bitte? Du hast Probleme, deinen Sohn zu umarmen. Das ist dir irgendwie peinlich. Ja, das kann ich mir gut vorstellen, dass es das ist. Dein Vater hat dich auch nie umarmt? Dein Vater war selten daheim? Rudi, da bist du nicht alleine. Also ohne Vater zu Hause warst du es schon irgendwie. Ich meine, du bist nicht der einzige in unserer Gesellschaft, der eine ungestillte Sehnsucht nach seinem Vater hat. In unserer Gesellschaft herrscht nun mal irgendwie ein Mangel an Vätern. Seit über hundert Jahren.

In Hannover wohnt die 38-jährige Patrizia. Achtung, Patrizia. Unser Gedankenaustausch kann dein Leben wirklich verändern. Das kannst genau genommen ja nur du, aber unsere kurze Lese-Affäre wird dir genug Impulse geben, die dich zur Änderung veranlassen könnten. Wenn du das willst. 35 Paar Schuhe, vier Laufmeter Gewand, nur die feinsten Marken, edle Dessous, schnuckelige 72 Quadratmeter Designerwohnung mit Dachterrasse, Shopping-Wochenenden in Mailand, Paris oder Rom, Urlaub auf den Malediven oder den Seychellen. Und doch fühlt sich das alles irgendwie nicht ganz richtig an, so ein bisschen leer. Ist es so? Hmmm, manchmal verfährt man sich in seinem Leben, ohne so richtig zu wissen, wieso. Vielleicht findest du hier ja Antworten, Ideen, Gedanken. Dein unterdimensionierter Rassehund wird dich schon irgendwie trösten, wenn du jemanden brauchst, der dich lieb hat. Vielleicht verwandelt er sich ja sogar einmal in einen Prinzen. Aber das tun meines Wissens nach nur Frösche. Patrizia, ich hab Menschen kennengelernt, die waren in ihrem eigenen Leben Geisterfahrer. Das bist du aber sicher nicht.

In Wien erfinde ich mir den 22-jährigen Peter. Der sitzt gerade am Klo. Servus Peter. Das Klo ist deine Bibliothek. Da kannst du in Ruhe lesen. Geht mir ähnlich. Aber bitte verhalte dich geräuschneutral. Ist der Leistungsdruck bei dir schon groß genug? Hast du endlich deinen befristeten Werkvertrag für 20 Stunden bekommen? Du weißt nicht, wie du in dieses System einsteigen kannst, das du eigentlich gar nicht willst? Willkommen bei uns. Ich glaub, du wirst dir einiges rauslesen können aus diesem Buch. Trost und Zuspruch kann ja auch eine Form der Liebe sein. Vielleicht denkst du dann ja in so

30, 40 Jahren an unsere flüchtige Bekanntschaft zurück und schickst mir ein Lächeln. Vielleicht geht es aber auch schon früher, weil in 30, 40 Jahren werde ich ziemlich sicher schon nicht mehr zurücklächeln können.

Jetzt erfinde ich mir etwas für meine Seele. Die 44-jährige Claudia aus Graz. Ich mag ihre blonde Mähne, die strahlenden Augen und ihr Lächeln. Das ist wie ein Sonnenaufgang. Vielleicht kennen wir einander von früher. Warst du damals im Oktober 1998 bei meinem Workshop dabei? Ja?! Damals warst du 26. Wie ist es dir ergangen? Das Leben hat dich schwer geprüft. Du bist Witwe. Trotz all dieser Niederlagen und Schmerzen glaubst du noch ans Leben. Schön. Wie hast du es geschafft, dir so viel Lebensfreude zu bewahren? Bewahren ist vielleicht der falsche Ausdruck. Du baust sie immer wieder von neuem auf, diese Lebensfreude. Und deine Selbstliebe. Das ist einfach toll. Von dir können wir sicher einiges lernen. Wenn ich es brauche, komme ich auf dich zurück.

Jetzt bastle ich mir ein Klischee. Das gibt es aber wirklich. Ich treffe dieses Klischee in meiner Arbeit sehr oft. Nennen wir das Klischee Rainer. Rainer, du auch da. Das lässt dein Terminkalender zu? Rainer, du bist in Nürnberg, richtig? Jetzt gerade nicht? Jetzt bist du in Frankfurt am Flughafen und hast die Nase voll vom E-Mail-Checken und deshalb bist du zu uns geflüchtet. Genau genommen in deinen Kindle. Herzlich willkommen. 180.000 Jahresgage, plus Prämie. Gerade einen netten Personalabbau durchgezogen, ein paar hundert Mitarbeiter freigesetzt. Echte Chancen auf den CEO für CEE, vielleicht bekommst du sogar USA und Canada. Das ist doch eine starke Erfolgsbilanz für jemanden mit 43. An Geld und Status kann es dir ja wohl nicht mangeln. Was machst du also hier in unserem Kreis? Was suchst du da bei uns? Woran mangelt es dir? Außer an der Zeit, die du hier verschwendest. Rainer, kann es sein, dass auch du dich unterliebt fühlst? Rainer, dich bau ich mir als meinen rationalen und kritischen Widerpart auf, okay? Wir zwei werden uns ein kleines Duell liefern. Aber immer respektvoll und bis zum Ende dieses Buches wachsen wir zusammen. Irgendwie mag ich dich ja jetzt schon.

Damit sind wir jetzt zu siebent. Sie, liebe anonyme Leserin oder anonymer Leser, Rudi, Patrizia, Peter, Rainer, Claudia und ich. Mir geht es gut mit euch. Bis auf einen, den Leser, hab ich alle voll unter Kontrolle. Das baut meine Angst ab. Jetzt kann ich zur Höchstform auflaufen.

Haben Sie, liebe Leserin, lieber Leser, schon etwas im Glas oder in der Tasse? okay. Sie müssen Ihren Tee noch ziehen lassen. Die drei Minuten warten wir gerne auf Sie. Da können sich die anderen auch noch etwas nehmen.

Rainer hätte gerne einen Lungo vom Umutima wa lake Kivu Rwanda. What Else? Aber die Nespressomaschine für die Laptop-Tasche wurde noch nicht entwickelt und hier am Flughafen in Frankfurt gibt es den noch nicht. Musst du dich mit deinem stillen Mineralwässerchen begnügen. Patrizia, du schenkst dir einen Prosecco ein. Keine Supermarktware, sondern einen schönen DOCG aus Conegliano Valdobbiadene. Zwölf

Euro die Flasche. Man gönnt sich ja sonst nichts. Schaun wir mal, wie viel von der Flasche übrig bleibt. Peter, Sodazitron oder Bier? Was ist dir jetzt lieber? Du nimmst das Sodazitron. Beim Alkohol bist du vorsichtig. Rudi bekommt was Tolles ins Glas. Was trinkt ein gesetzter Schweizer in Lausanne, wenn er sich entspannen will? Du wählst einen Côte de Beaune. Beim Winzer direkt gekauft. Ist ja nicht weit von dir. Claudia, fang mit einem Kräutertee an. Vielleicht lass ich dich später auf einen von euren superben steirischen Weißweinen umsteigen. Aber du wirst immer ein bisschen wuschig, wenn du zwei Gläser hast.

Haben alle etwas? Sind wir bereit? Dann los. Machen wir etwas aus den gemeinsamen Stunden.

Ja, Rainer. Was gibt es denn schon?

Du willst wissen, wie die Agenda lautet, worüber wir überhaupt reden. Bisher war es ja nur ineffizientes Geschwafel. Du willst endlich auf Zug kommen und Action haben. Wir müssen ja etwas weiter bringen. Sonst gehst du wieder. Ob du gehst oder bleibst, entscheide noch immer ich. Wegen der Agenda ersuche ich dich, einmal effizient das Inhaltsverzeichnis zu lesen. Das ist ja so etwas wie eine Agenda. Da wird dir vielleicht das Wort *unterliebt* auffallen. Also wird es wohl eher nicht um den Überfluss an Liebe gehen, sondern eher vom zu wenig davon. Das ist das Thema dieses Buches. Kommt ja sogar im Titel vor. Es geht um die große *Unterliebe. Unterliebe.* Davon sind die meisten von uns betroffen. Wir haben einfach zu wenig Liebe. Wir bekommen zu wenig und geben uns selbst auch nicht genug. Du, Rainer, bist ganz sicher einer von den Unterliebten. Es ging auch schon bisher um die Unterliebe, nur hab ich das noch nicht so deutlich geschrieben, immer gleich rot unterstrichen oder irgendwie animiert. Ich wollte den Leser, die Leserin durch die Geschichten und das Spielen mit dem Namen emotional ins Thema einsteigen lassen. Den Verstand ein bisschen irritieren, austricksen. Erst wenn man sich vom Gewohnten trennt, kann man sich für das Neue öffnen. Der Verstand ist oft der Hüter des Gewohnten. Der glaubt, er weiß, wie es geht. Die Ratio dominiert bei uns viel zu oft die Emotio. Ich muss den Verstand verwirren, damit er Platz macht für die Emotion.

Rainer, diese Worte werden uns immer wieder begegnen: Liebe, Unterliebe, Eltern, Selbstliebe, Fremdliebe, Herde, Wertschätzung, Selbstwert, Fremdwert, Anerkennung, *Nespresso*, Selbstwertflunder, Jesus, Wirtschaft, Begeisterung, Leben, Filter, Angst, Freude. Lass dich drauf ein. Und diese Formel wird sich auch gleich aus dem Dunkeln lösen:

$$L_G = L_S + L_F$$

Wann genau das sein wird, entnimm bitte dem Inhaltsverzeichnis. Sie ist jedenfalls die Basis für unsere Betrachtungen.

Wir werden uns mit meinen Fragen beschäftigen:

- »Warum sind wir eigentlich so schlecht drauf?«
- »Wer hat uns so gemacht?«
- »Wer braucht solche Menschen?«
- »Wer hat einen Nutzen davon, dass es uns nicht so gut geht?«
- »Was können wir dagegen machen?«

Rainer, zu deinem Vorwurf des ineffizienten Geschwafels möchte ich dich darauf hinweisen, dass Vertrauen die Basis jeder Beziehung ist und erst aufgebaut und dann gepflegt werden muss. Warum ich das euch Führungskräften immer wieder von Neuem sagen muss! Du hast es ja leicht. Du kannst deine Mitarbeiter freisetzen, wenn du ihr Vertrauen verloren hast. Ich kann meinen Leser aber nicht einfach rauswerfen, wenn er mir die Gefolgschaft verweigert. Da ist es umgekehrt.

Der Leser kann mich aus seinem Leben rauswerfen. Nimm das jetzt einmal und gedulde dich. Sonst hänge ich dir gleich eine Mail von eurem Super-CEO von weltweit überhaupt um, der euch alle zu einem Boardmeeting vergattert. Morgen zehn Uhr früh in London. Ihr seid 3,62 % unter Plan. Sparmaßnahmen müssen sofort gefasst werden. Da kannst du dein Super-Businessclass-Ticket umbuchen und kommst heute wieder nicht nach Nürnberg heim. Yeah. Die Runde geht wohl an mich. Aber du sollst deine Action haben.

Ich möchte dich, Rainer, meine anderen virtuellen Leser und Sie, liebe Leserin, lieber Leser, in die warme Sonne Kaliforniens entführen. Zum Superbowl.

Der Superbowl ist das wichtigste Einzelsportereignis der Welt mit knapp einer Milliarde Fernsehzuschauern weltweit. Ein 30-sekündiger Werbespot kostet 4 Millionen Dollar.

Er ist das Endspiel der NFL, der National Football League in den USA, wo die Sieger aus den beiden Vorrunden aufeinander treffen und den Champion ausspielen. In diesem Jahr fand das Endspiel im Levi's Stadion in Santa Clara in Kalifornien statt. Dort begeben wir uns jetzt hin und tun so, als ob wir live dabei wären. Ein wunderbares Stadion. 75.000 Zuschauer. Und wir mitten drinnen. Angenehm warm ist es da.

Die Spieler sind noch nicht eingelaufen, doch die Begeisterung ist schon zum Greifen, die Euphorie spürbar. Alle sind gut drauf. Die Stimmung ist toll. Die Leute machen schon die Welle. Ohoohooo! Da sollten wir jetzt mitmachen. Wir sitzen ja auch im Stadion. Live dabei. Patrizia, du willst nicht? Du bleibst lieber auf deinem Sofa sitzen. In deinem Schmuddelpyjama. Es ist gerade so gemütlich. Claudia, du liest das Buch gerade in der Straßenbahn. Da würde die Welle ein bisschen peinlich wirken. Inmitten all dieser ernsten Gesichter und dieser vielen Menschen, die ihre privatesten Geheimnisse in ihr Mobiltelefon schreien. Peter, du liest mich auf deinem stillen Örtchen. Du bleib bitte sitzen. Lassen wir das mit der Welle.

Die Kisscam fängt immer wieder Pärchen ein. Die werden dann auf den großen Videowalls gezeigt, von einem Herz gerahmt und sollen sich küssen. Alle jubeln dazu. Da ist auch der Popcorn und Hotdog-Verkäufer mit seinem Bauchladen. Der Duft ist ein unverzichtbarer Bestandteil der Stimmung. Dort sitzt so ein typischer Ami mit seiner Cola-Dosen-Mütze. Sie wissen eh, je eine Dose rechts und links auf der Kappe mit einem Schlauch direkt zum Mund. Damit man die Hände fürs Popcorn und den Hotdog frei hat. Crazy. Mit unseren Wein, Prosecco und Kräutertee fallen wir schon ziemlich auf.

Am Spielfeldrand tanzen sich die Cheerleader schon warm. Die Cheerleader sind diese leicht bekleideten, gut aussehenden Mädchen. Kurze Röcke, enge Tops. Die sorgen mit ihren Choreografien für jede Menge Akrobatik und Erotik.

Und da kommen die beiden Mannschaften aufs Spielfeld, Gladia ...

Rainer, Rudi und Peter, habe ich euch gerade verloren? Seid ihr gedanklich bei oder in den Cheerleadern hängengeblieben. Die Präposition macht einen Unterschied. Unsere Damen denken sich gerade, was schon wieder für eine hormongesteuerte Geschichte. Gut. Meine Herren, ihr könnt euch jetzt selbst in einen kurzen Werbeblock hängen oder weiter von den Cheerleadern träumen. Oder ihr lest auch, was ich über die Wichtigkeit der Cheerleader zu sagen habe.

Definition der Cheerleader, nach Wikipedia.

Die primäre Aufgabe des Cheerleading – von englisch cheer ›Beifall‹ und to lead ›führen‹, also sinngemäß »zum Beifall führen« – ist das Anfeuern der eigenen Sportmannschaft und die Animation des Publikums.

JAA - Die Cheerleader sind ganz wichtig. Gäbe es die nicht, würden die beiden Mannschaften aufs Spielfeld kommen und sich mit hoher Wahrscheinlichkeit darauf einigen, dass sie ins nächste Pub auf ein Bier gehen. Wenn jedoch erotische Frauen auf dem Spielfeld sind, schießt bei uns Männern das Testosteron ein und wir beginnen, um die Frauen zu buhlen. Wir fangen dann zu raufen an, zu streiten und zu kämpfen. Wir Männer machen ziemlich viele Unsinnigkeiten, nur um den Frauen zu gefallen. Meine Damen, ihr denkt euch jetzt, typisch für uns Männer. Aber ähnliche Effekte gibt es auch in der Damenwelt. Stellt euch vor, ihr sitzt mit zwei, drei Freundinnen in eurem Lieblingskaffeehaus. Ihr trinkt einen Cafe Latte. Nicht zu kalt, nicht zu warm. Mit einem Hauch von Kakaopulver. Wegen der schlanken Linie. Auf einmal geht die Türe auf und es erscheint – George Clooney. Da werdet wohl auch ihr in ein anderes Verhaltensmuster wechseln.

Zurück nach Santa Clara. Wo war ich stehen geblieben? Aja! Die Mannschaften laufen gerade ein. Gladiatoren der Neuzeit. Die haben superbreite Schultern. Betont noch durch die Schulterpolster. Kriegsbemalung in den Gesichtern. Und total knackige Hintern. Die Mannschaften stellen sich wie Silberrücken, wie Gorillas in einem Kreis auf und machen eigenartige Brunftgeräusche. Sie schwören sich auf den gemeinsamen Erfolg ein. Klopfen sich gegenseitig anspornend auf die Helme. Der Coach pumpt seine Männer bis über die Haarwurzeln voll mit Selbstvertrauen und Siegeswillen. *Yeah. Go for it! You can!*

Bevor das Spiel beginnt, singen die Amis sogar noch die Nationalhymne. Die Zuschauer stehen auf und halten ihre Hand aufs Herz. The land of the free and the home of the brave. Das Land der Freien und die Heimat der Braven. Oder so ähnlich. Gut, das war ein Schenkelklopfer. Entschuldigung.

Jetzt beginnt das Spiel. Mit einem Freekick. Die Menge tobt. Es wird um jeden Yard gekämpft. Da bekommt der Quarterback den Ball. Der wirft einen Superpass über sechzig Yards nach vorne. Dort fängt ihn ein Angriffsspieler und rennt damit wie von der Tarantel gestochen los. Über die weiße Linie. Und drischt mit aller Kraft den Ball auf die Erde. Touch Down. Das höchste, was man in diesem Spiel erreichen kann. Sechs Punkte. Der Spieler macht einen Salto und wird von seinen Mitspielern unter einem Knäuel der Begeisterung begraben. Das Stadion explodiert. Applaus brandet auf. Yeah!

Und jetzt nehmen wir die beiden Teams, saugen sie aus dem Stadion in den blauen Himmel Kaliforniens und fliegen sie über den Pazifik. Nach Sibirien. Der Himmel wird grau. Es ist fürchterlich kalt. Minus 24 Grad. Wir stellen die beiden Mannschaften auf eine Wiese, wo niemand ist. Keine Menschenseele weit und breit. Kein Publikum, kein Coach, kein Platzsprecher, kein Hotdog-Verkäufer, keine Cheerleader. Nicht einmal ein Kamtschatka Bär. Wir verbieten den beiden Mannschaften, während des Spiels miteinander zu reden. Jedes Erfolgsritual wird untersagt. Da gibt es kein anerkennendes auf den Helm Klopfen, kein high five, keinen Salto.

Leise und brav sollen die spielen. Und außer dem eisigen sibirischen Wind hört man vom Platzsprecherband die ganze Zeit nur monoton *Angst, Angst, Angst, Angst, Angst.*

Das Spiel im warmen Kalifornien wird wohl ein anderes sein als jenes im frostigen Sibirien. Obwohl es genau dieselbe Sportart ist. Und dieselben Mannschaften.

Hier ein Klima des Erfolges, der Anerkennung, des Selbstvertrauens und der Freude.

Dort keine Aufmunterung, kein Anfeuern, dafür frostige Angst und Unlust.

Was würden Sie sagen? Spielt Europa momentan eher so wie beim Superbowl, strotzend vor Selbstvertrauen und erfolgshungrig oder doch eher eine ängstliche Zitterpartie wie in Sibirien. Hat Europa einen starken Selbstwert? Gut, wir in Österreich sind ja eine Mannschaft der Seeligen. Wir haben ja zwei echte Motivationsbolzen als Coaches. Faymann und Mitterlehner. Und die Mikl-Leitner ist ja auch eine bezaubernde Cheerleaderin. Mikl-Leitner im kurzen Rock und eng anliegendem Top. Man muss sich nicht alles vorstellen. Aber das übrige Europa?

2008 hat Obama bei seinem ersten Wahlkampf die Amis mit einem einzigen Satz aufgerichtet: »Yes, we can!« Die Amis hatten damals nach der Bush-Periode auch ein Selbstwert- und Identitätsproblem. Das passiert sogar denen manchmal. Aber Obama hat den kollektiven Selbstwert wieder gehoben. Von einer ganzen Nation. 320 Millionen Amis.

ist eigentlich ein Zufall gewesen. Der ursprüngliche Wahlslogan hat gelautet *Change we can believe in.*
Das ist ja fast genauso mitreißend.
Obama hat *Yes We Can!* während seiner Präsidentschaftsrallye zum 1. Mal in einer Rede nach der Vorwahl in New Hampshire am 8.1.2008 eingesetzt.
Da hat er die Zuhörer gefragt, ob man die großen weltpolitischen Probleme lösen könne, Gerechtigkeit, Weltfrieden, Milchschnitte für alle und so weiter.
Und jedes Mal hat er sich selbst die Antwort gegeben:
»*Yes, We Can !*« (ins Österreichische übersetzt:
»Ja, das müssen wir uns noch anschauen!«)
Und das ist eben voll aufgegangen. Ein Mythos war geboren.
Aber: *Yes We Can* kommt auch im Lied von Bob, dem Baumeister vor. Im Refrain wird immer wieder gesungen: »*Can we fix it? Yes we can!*«
Deutsche Übersetzung? »Können wir das schaffen? Yo wir schaffen das!« Die Angie Merkel hat das auch gesagt. Aber ursprünglich ist das von Bob, dem Baumeister.

Yes, We Can!

Was hören wir Europäer seit Jahren? Die Griechen können *nicht*, die Italiener können *nicht* – gut, die Mafia kann schon, aber sonst? –, die Spanier können *nicht*, die Franzosen können auch schon lange *nicht* mehr. Bleiben offensichtlich nur mehr die Deutschen und die haben auch schon mit VW, der Deutschen Bank und einigen anderen Flaggschiffen so ihre Troubles erlitten. Die Briten sehen sich sowieso als Nichteuropäer und wollen im Club der Verlierer nicht mehr Mitglied sein. Und ständig wird uns Angst gemacht. Angst, Angst, Angst, Angst!

Ist Angsthaben das neue Hobby von uns Europäern? Die neue Extremsportart? Das lähmt schon ein bisschen. Wer hat eigentlich etwas davon, dass wir uns so niedermachen oder so niedergemacht werden? Sind wir Masochisten, einfach nur dumm oder steckt da Absicht und Methodik dahinter? Klar. Die Amis lachen dazu. Ist ja auch lustig, wie wir uns zusätzlich von jeder daher gelaufenen amerikanischen Rating-Agentur auf den Kopf scheißen lassen. Wenn dann jemand wie die Frau Merkel mit einem Mutappell an die Öffentlichkeit tritt, bekommt ihr das nicht gut. Aber da ist sie in bester Gesellschaft. Über die Jahrhunderte hinweg.

Alfons X, el Sabio (der Weise)

Ich bin nur noch der Schatten eines Königs, den man einst Alfons X. den Weisen nannte, aber der Papst und meine eigenen Vasallen haben mich 1282 abgesetzt. Vielleicht waren meine Träume zu groß für dieses Jahrhundert. Dabei standen wir doch unmittelbar vor einem großen Erwachen. Ich hatte das Glück, in Toledo aufgewachsen zu sein, wo mich Bischof Raymond mit seinen christlichen und jüdischen Übersetzern in die Kultur des Islam eingeführt hatte. Ich habe dann den Koran und den Talmud ins Lateinische übersetzen lassen.
Die rühmlichste Tat meiner Regierungszeit war, dass ich in Murcia mit dem moslemischen Philosophen Mohammed Al-Rikuti eine Schule gegründet habe, wo zum ersten Mal in der Welt Christen, Juden und Moslems zugleich lehrten. In Sevilla habe ich dafür gesorgt, dass in den beiden Kultursprachen meiner Zeit, Arabisch und Latein, unterrichtet wurde.

Hören Sie nur, einer meiner Pagen lässt einen meiner Lobgesänge erklingen:

»Oh mein Christus,
der du sie alle annimmst,
Christen, Juden, Mauren,

wenn nur ihr Glaube
auf Gott gerichtet ist.«

Wie in meinen Gebeten, habe ich auch in meinen Gesetzen niemals vergessen, dass die Ungläubigen mit uns gleichen Blutes und Wesen sind, und das steht so in meinen Gesetzbüchern: »Da die Synagoge das Haus ist, wo der Name des Herrn gepriesen wird, verbieten wir allen Christen, es zu zerstören, oder mit Gewalt etwas daraus zu entfernen, oder an sich zu nehmen.«
Und hinsichtlich der Mohammedaner:
»Es sollen die Mauren unter den Christen ihren Glauben leben dürfen, den unsern aber nicht beleidigen.«
Ja, dank der Bemühung der Gelehrten unserer drei Religionen konnte das Spanien des 13. Jahrhunderts unter meiner Herrschaft für ganz Europa eine echte Wiedergeburt bewirken, nicht gegen Gott, sondern mit Gott.
Die Männer des Gesetzes sagen uns: »Dies ist verboten! Dies ist erlaubt!« Niemals jedoch sagen sie uns: »Du bist selbst für dich verantwortlich. Denke selbst nach!« Dabei fordert uns der Koran auf jeder Seite dazu auf. Wenn man auf sie hören wollte, gäbe es zwischen Gott und dem Menschen nur Beziehungen zwischen Herr und Knecht.
Meine Brüder, Gesetz und Philosophie fangen an, wo diese dürre Juristerei aufhört.

Alfonx X. war kein Niemand. Der war ein VVIP, eine *very very important person.* Alfons X. war nicht nur König von Kastilien und Leon, sondern auch König des Heiligen Römischen Reiches. So etwas wie der amerikanische Präsident heute. Aber Sie sehen, es hat sich seit damals irgendwie nicht viel geändert.

Es geht um die Frage, wie wir Europäer mit unserem Selbstwert und unserer Liebe zu unserem wunderbaren Kontinent umgehen. Lieben wir Europa zu wenig? Ist Europa unterliebt? Haben Sie schon einmal erlebt, dass Europäer aufstehen und mit der Hand auf ihrem Herzen die Europäische Hymne singen? Das wird ihnen nicht gelingen, denn die Europäische Hymne hat keinen Text. Ohne Worte, nur in der universellen Sprache der Musik, soll sie die europäischen Werte Freiheit, Solidarität und Frieden zum Ausdruck bringen. Das hat sich offensichtlich schon zu uns allen durchgesprochen. Wie kann sich etwas durchsprechen, wenn es keine Worte, keinen Text hat?

Sie können dieses Superbowl-Beispiel aber auch auf Ihre Firma beziehen. Welche Kultur wird dort gelebt? Eher eine Erfolgskultur oder doch eine Angstkultur? Werden bei Ihnen auch die Mitarbeiter freigesetzt? Das ist ein spannendes Wort, dieses freisetzen. Ich frag mich immer, was waren die Mitarbeiter vorher. Eingesperrt? Rainer, wie ist das bei euch im Unternehmen? Müssen da viele Menschen Zwangsarbeit verrichten? Arbeit, die sie gar nicht wollen? Freisetzen.

Die Thematik betrifft uns auch persönlich. Wie spielen wir in unserem eigenen Leben? Haben wir genug Selbstwert und Selbstvertrauen, fangen wir mutig den Ball oder spielen wir das Lied von der Angst?

Das hat eben viel damit zu tun, ob wir genug Liebe haben. Oder unterliebt sind.

Bekommen wir genug Liebe? Lieben wir uns selbst genug?

Jetzt mal ehrlich, so unter uns, nur Sie und ich: Mögen Sie sich? Keine blöde Frage, sondern eine entscheidende. Schon vor 2.000 Jahren hat der langhaarige Langzeitarbeitslose in den Herrgottsschlapfen gesagt: Liebe deinen Nächsten wie dich selbst. Genau das tun wir. Unangenehm für den Nächsten nur, wenn wir uns selbst nicht lieben.

Bevor wir jetzt die Duftkerzerln und die Räucherstäbchen anzünden und Briefe an das Universum schreiben, möchte ich Ihnen eine Formel vorstellen. Die Formel. Ist zwar auch eine Liebesformel, doch sehr rational. Mathematik eben.

Wie ich damals im Oktober 1998 meine Fragen formuliert hatte, begann ich nachzudenken und zu recherchieren.

Sie wissen schon:

- »Warum sind wir eigentlich so schlecht drauf?«
- »Wer hat uns so gemacht?«
- »Wer braucht solche Menschen?«
- »Wer hat einen Nutzen davon, dass es uns nicht so gut geht?«
- »Was können wir dagegen machen?«

Ich habe seit damals viel gelesen und viele Gespräche geführt. Mit hunderten faszinierenden Menschen. Pilgern und Universitätsprofessoren, Obdachlosen und Industriekapitänen, Krankenschwestern und Taxifahrern, Journalisten und Werbefachleuten, gescheiterten Selbstmördern und Pfarrern, Reichen und Armen, Psychologen und Künstlern, Huren und Sterbenden, Jungen und Alten, meiner Frau und meinen Kindern. Bei einem Psychologenkongress hat mich einer der Vortragenden auf die Formel aufmerksam gemacht:

$$L_t = L_s + L_o$$

Ich und diese Formel, das war Liebe auf den ersten Blick. Mir war schon lange bewusst, dass die Beantwortung meiner Fragen und der Zustand unserer Gesellschaft sehr viel mit

Selbstwert, Anerkennung, Herdentrieb und Interessenskonflikten zu tun hat. Das Thema zieht sich ja durch die ganze Menschheitsgeschichte und spiegelt sich in den Religionen, den Künsten und den Sitten wider. Dieses Thema ist riesengroß, fast zu groß und sehr kompliziert. Und dann finde ich diese Formel oder sie mich und bringt es auf den Punkt. Klar, das ist sehr vereinfachend. Endlich. Ich mag das Einfache. Ich begann zu recherchieren, wer diese Formel entwickelt hatte.

Es waren amerikanische Experten. In den 60er-Jahren im Kalten Krieg. Der wurde ja nicht nur mit atomarer Aufrüstung und Wirtschaftsblockaden ausgefochten, sondern auch durch den Propagandakrieg. Flugblätter, Radiosender und das übliche Instrumentarium. Das haben die Amis auch schon früher gemacht und auch nachher. Das machen sie auch heute noch. Nicht nur die Amis. Aber damals haben die hellsten Köpfe der Eliteunis wie Havard und Yale ganz psychologisch nachgedacht, wie sie den Gegner hinter dem Eisernen Vorhang schwächen können. Wie man den Selbstwert der Russen abmontieren und ihr Selbstvertrauen zertrümmern kann. Wer kein Selbstvertrauen hat, hat ja auch keinen Mut. Blöderweise aber immer noch den roten Knopf für die Atomsprengköpfe. Und die Ergebnisse ihrer Forschungen haben sie unter anderem in dieser Formel zum Ausdruck gebracht:

$$L_t = L_s + L_o$$

L steht für *Love*. Die Liebe.

Im Ernst: die Amis haben mit diesem Wort kein Problem und sind sich seiner Bedeutung und seiner Macht bewusst. Für uns ist Liebe ja oft irgendwie zu viel, zu pathetisch, zu peinlich. Zu emotional.

Das t im L_t steht für *total*. S steht für *self* und o steht für *others*. Die Gleichung liest sich im Original also:

Love total equals Self-Love plus Love from the Others

Übersetzt:

$$L_g = L_s + L_f$$

Liebe gesamt = Selbstliebe + Fremdliebe

Die Amis haben klar erkannt: wenn wir den Russen ihren Selbstwert und ihren Stolz auf ihr Land nehmen, dann zerbröckelt ihre Selbstliebe und ihre Identität. Da sind sie dann ganz schwach. Das dürfte funktioniert haben. Die USA gibt es ja noch immer. Der ehemalige Osten liegt zwar noch immer im Osten, ist aber doch nicht mehr derselbe wie früher. Sie sehen, die kann was, die Formel. Letztendlich hat die Formel sogar die Berliner Mauer umgehauen. Die im Osten haben sich minderwertig gefühlt, rüber geschaut in den Westen. Da war es besser. Das war die Basis für den Untergang der DDR.

Ich hab die Formel fasziniert übernommen und auf das Individuum, auf mich selbst und in meiner Arbeit angewendet.

$$L_g = L_s + L_f$$

Liebe gesamt = Selbstliebe + Fremdliebe

Es geht in Summe um die Liebe, die Sie sich selbst geben und die Sie von den anderen bekommen. Liebe von innen und Liebe von außen. Ein bisschen banaler, dafür bildhafter: Es geht um Ihre Streicheleinheiten, die Sie zum Leben, sogar zum Überleben brauchen und die Sie sich selbst geben oder von anderen holen können.

Damit ich Ihnen das Prinzip vorrechnen kann, sagen wir jetzt einmal, wir *brauchen* Liebe gesamt 10, okay? Sie können schon mehr davon haben, viel mehr. Aber damit Sie halbwegs ausgeglichen und rund sind, damit Sie am wöchentlichen Besuch bei Ihrem Therapeuten vorbeischrammen, brauchen Sie die 10. Das ist kein wissenschaftlich fundierter Wert. Das ist vollkommen willkürlich. Mit 10 rechnet es sich nur leichter als zum Beispiel mit 4.213,58.

Wenn Sie jetzt eine Selbstliebe von 8 haben, sich wirklich mögen, dann brauchen Sie nur mehr Fremdliebe von 2. Das ist ein schönes Gesamtliebepackage und Jesus und ihre Nächsten haben große Freude mit Ihnen. Sofern die Nächsten Sie nicht ausnutzen wollen. Die Gleichung lautet dann:

$$10 = 8 + 2$$

Das liest sich gut und spürt sich im Leben auch gut an. Da geht es Ihnen gut. Sie bekommen genug Liebe. Vor allem von sich selbst. Sie sind so ein ausgeglichener Mensch, der äußerst angenehm ist. Sie haben auch oft gute Tage. Sie sind sehr selten aggressiv, schreien nicht herum und schlagen auch keine Kinder. Ehefrauen auch nicht. Ehemänner auch nicht. Wir leben ja im Zeitalter der Gleichberechtigung. Sie müssen auch nicht um jeden Preis gewinnen. Sie haben ja schon so viel.

In unserem Kulturkreis findet man die Formel allerdings viel öfters in solchen Ausprägungen:

$$10 = 2 + \_$$

Mit 2 Selbstliebe sind Sie schon ziemlich runtergefahren, so eine richtige Selbstwertflunder. Ein Selbstliebe-Gartenzwerg. Ein Ich-mag-mich-nicht. Lechzend nach Streicheleinheiten und Zuspruch. »Bitte, bitte, habt mich lieb!« Das wäre aber noch gar nicht so schlimm, wenn Sie die 8 Fremdliebe wirklich bekämen. Dann sind Sie zwar ein bisschen sehr fremdgesteuert, aber immerhin fühlen Sie sich ausreichend geliebt.

10 = 2 + 8

Ich nehme es vorweg. Das ist die Lieblingsgleichung unseres Systems. Das ist die Basis unserer Gesellschaft. Über die Fremdliebe schleichen sich jede Menge Fremdinteressen in unser Leben ein. Damit diese Fremdliebe genug Platz hat, muss sie unsere Selbstliebe verhindern oder verdrängen. Diese Fremdliebe ist in Wirklichkeit oft gar keine. Sie tut nur so. In Wirklichkeit geht es um die Optimierung des eigenen Nutzens. Dem von den anderen. Das ist so wie zwischen Amerikanern und Russen. Nein, Peter, das ist keine Binsenweisheit. Wir sind uns sehr oft nicht bewusst, dass wir instrumentalisiert und benutzt werden. Übrigens angenehm, dass du deine Klositzung beendet hast. Es redet sich so doch leichter miteinander.

Menschen mit einer derartigen Liebesgleichung sind oft sehr zufrieden. Und brav. Brave Kinder, arbeiten brav, konsumieren brav. Gehen vielleicht brav in die Kirche und wählen auch brav die richtige Partei. Sie sind ein braves und von außen anerkanntes Mitglied der Herde. Sozial integriert. Sie können in diesem Absatz das *brav* durch *ordentlich* ersetzen. Das funktioniert sehr gut. Wenn Sie das *brav* durch *selbstbewusst* oder *selbstbestimmt* ersetzen, wird es holprig, oder? Menschen mit so einer Liebesgleichung lesen ganz sicher nicht dieses Buch. Oder erst, wenn sie spüren, dass die Selbstliebe zu kurz kommt. Weil das *Selbst* irgendwie und irgendwo abhanden gekommen ist. Rudi, du nickst dazu. Du hast dein ganzes Leben vor allem eines: brav funktioniert. Als Kind, in der Beziehung, in der Arbeit, für die Familie, im Schützenverein. Zeit für dich? War eher nicht das Thema. Jetzt sitzt du am Genfer See. Es nieselt. Und irgendwo da am Grund des Sees vermutest du dein Selbst. Das hättest du gerne wieder. Deshalb bist du auch in diesem Buch. Da wirst du es auch nicht finden. Ich habe es dir ja nicht genommen.

Claudia, du weißt auch, wovon ich rede. Du hast schon sehr oft dein Selbst hintan gestellt. Es immer wieder vernachlässigt. Du hast es sogar schon ganz verloren gehabt. Das hat weh getan. Aber du hast es dir auch immer wieder zurückgeholt. Leicht war das nicht.

Rainer, dir biete ich ein Zitat von Ödön von Horvath an. Eines meiner Lieblingszitate. »Eigentlich bin ich ganz anders. Ich komm nur so selten dazu.« Vielleicht kannst du damit etwas anfangen? Vielleicht träumst du ja auch heimlich von einem kleinen Weingut in Italien. Oder vom großen Ausstieg. Rainer, reg dich nicht auf. Du bist nun mal ein Klischee.

Bleiben wir noch bei der Formel in der Ausprägung 10 = 2 + 8. Ganz ungut wird es, wenn wir nicht einmal die nötigen 8 Fremdliebe bekommen, sondern zum Beispiel nur 5.

2 + 5 = eben nicht 10

$$2 + 5 \neq 10 \qquad 2 + 5 = 7$$

Dieser Mensch ist dann um 3 *unterliebt*. Jetzt haben wir es endlich definiert, dieses *unterliebt*. Ein schönes Wort. Ein Wort von mir. Ich mag es so, weil es zwar wehtun kann, wenn du es bist. Aber *unterliebt* bringt es wunderbar auf den Punkt. U N T E R L I E B T.

Was sagst du, Patrizia? Du bist erschrocken. Du warst dir bisher schon bewusst, dass du unterliebt bist. Du hast es nur anders genannt. Du hast aber bisher nicht erkannt, dass du vor allem von dir selbst unterliebt bist. Du hast dich immer nur auf die fehlende Liebe und Anerkennung von den anderen konzentriert. Du hast dich oft als Opfer der anderen gefühlt. Ja, die 2 Selbstliebe in unserer Gleichung sind das Ergebnis der Unterliebe durch dich selbst. Du liebst dich selbst zu wenig. Willkommen im Club. Der Pegelstand in deiner Proseccoflasche hat auf den letzten Seiten ganz schön abgenommen.

Peter, du kannst mit der Formel nicht viel anfangen. Dich stört das Wort *Liebe*. Versuche es mit Anerkennung.

$$A_g = A_s + A_f$$

Anerkennung gesamt = Selbstanerkennung + Fremdanerkennung

Gefällt dir das besser? Ja? Dir auch, Rainer. Ich kann diese Formel noch einmal modifizieren.

$$SW = A_s + A_f$$

Selbstwert = Selbstanerkennung + Fremdanerkennung

Damit tut ihr euch leichter. Das ist gewohnter. Liebe verwenden wir selten. Selbstwert und Wertschätzung hingegen sind gelernte Begriffe. Vielleicht sollten wir das Neue Testament umschreiben: *Schätze deinen Nächsten wert wie dich selbst.* Nach so vielen Jahren ist das Urheberrecht von Jesus schon erloschen. Wir können damit machen, was wir wollen. Gut, tun wir eh.

Ich mag *Wertschätzung* nicht. Peter, wenn ich dich wertschätze, dann schätze ich deinen Wert. Ich beurteile dich und berechne irgendwie deinen Wert. Für wen? Für mich oder für dich? Ich finde, mir steht es nicht zu, deinen Wert zu schätzen. Das ist doch anmaßend. Ich mag dich einfach. Das tue ich gerne. Rainer mag ich auch. Das ist dir egal, Rainer? Dir geht dieses Harmoniegesülze auf die Nerven. Du willst endlich deine zehn Tipps und Tricks zur richtigen Motivation. Nicht für dich, sondern für deine Mitarbeiter. Aus denen muss noch mehr rauszuholen sein. Rainer, du machst dich gerade ein bisschen unbeliebt bei mir und den anderen. Weißt du was, ich ziehe dich für eine Zeitlang aus dem Verkehr. *Letzter Aufruf für Herrn Rainer. Bitte begeben Sie sich umgehend zu Gate 17.* Jetzt aber schnell, Rainer. Ich schicke dich nicht nach London. So gemein bin ich nicht. Ich lass dich eh nach Hause nach

Nürnberg fliegen. Melde dich wieder, wenn du dort angekommen bist. Rainer, da hast du noch etwas zum Zeitvertreib.

[WIEN-QUIZ] **Frage 1**

Neben der Pestsäule am Graben findet man den Abgang zur ältesten intakten öffentlichen Toilette Wiens aus der Zeit des Jugendstils. Was bot die Toilette ursprünglich an?

A. Eine Trennung in 1. und 2. Klasse
B. Rosenblüten im Urinal
C. Duschen
D. Eine Hundewaschanlage

Auflösung kommt schon noch.

Rainer ist jetzt einmal ruhig gestellt.

Ich wende mich wieder Ihnen zu, liebe Leserin, lieber Leser. Oder ist Ihnen wertgeschätzte Leserin, wertgeschätzter Leser lieber?

Wie sieht die Formel bei Ihnen aus?

Setzen Sie einmal in die Gleichung Ihre Werte ein:

L_G = ______ *(Ihre gefühlte, geschätzte L_S)* + ______ *(Ihre gefühlte, erlebte L_F)*

Schreiben wir die Gleichung in drei Variablen auf.

$$mL_G = X + Y$$

wobei mL_G meine Liebe gesamt, X Ihre Selbstliebe und Y Ihre Fremdliebe ist. Meine Liebe meint hier Ihre Liebe, nicht meine. Das ist schon verwirrend mit der Liebe, finden Sie nicht?

Patrizia, die Aufgabe überfordert deinen Verstand jetzt ein bisschen. Die Formel ist zwar klar, nur wie kommst du zu X und Y? Wie berechnet man diese Werte? Gar nicht, Patrizia. Auf diese Werte kommst du nur über dein Bauchgefühl, über deine Emotion. Wie hoch fühlt sich deine Selbstliebe für dich an? Trag den Wert einmal ein. Du brauchst ein bisschen Unterstützung. Vielleicht hilft dir ja eine klassische Coaching-Skalierungsfrage:

»Auf einer Skala von 0 bis 10, wobei 0 bedeutet, dass du dich überhaupt nicht liebst, dass du gerne jemand anderer wärst, und zwar immer, und 10 bedeutet, dass du dich voll und ganz liebst, dass du dich einfach annimmst, so wie du bist, dass du dich bedingungslos liebst, wo würdest du deine Selbstliebe denn ansetzen?«

Hier ist die Skala. Trage deinen jetzt gefühlten Wert für deine Selbstliebe ein.

0 ♥ ♥ ♥ ♥ ♥ ♥ ♥ ♥ ♥ 10

»Was tue ich dann mit der Zahl, auf die ich gekommen bin?«

Siehst du, diese Frage überrascht nun wieder meinen Verstand. Ich dachte, das wäre klar. Gut. Ist offensichtlich nicht so. Diese Zahl trägst du bitte statt des Wertes X in deine Liebesgleichung $mL_G = X + Y$ ein.

$$mL_G = \square + Y$$

Bei der Fremdliebe gehe die diversen Beziehungsbereiche durch: Eltern, Partnerin und Partner, Kinder, Geschwister, Freunde, Gemeinde, Vereine, Beruf, die Gesellschaft. Ja, das ist das große Fremdliebe-Angebot, das wir so haben. Daraus können wir schöpfen. Wie groß fühlt sich die Fremdliebe an, die du bekommst?

Trage deinen Wert für deine Fremdliebe auf dieser Skala ein.

0 ♥ ♥ ♥ ♥ ♥ ♥ ♥ ♥ ♥ 10

Damit hast du den Y-Wert, die Fremdliebe. Den Wert trägst du auch in deine Liebesgleichung ein.

$$dL_G = \_\_\_ + \_\_\_$$

Jetzt noch ein bisschen kopfrechnen und du hast deine Gesamtliebe.

$$\_\_\_ = \_\_\_ + \_\_\_$$

Patrizia, wie hoch ist bei dir die mL_G, deine Liebe gesamt? Wie geht es dir mit dem Ergebnis? Bist du definitiv unterliebt, weit unter 10? Welcher Wert ist höher: der Selbstliebe- oder der Fremdliebewert? Ja, das habe ich befürchtet. Du bist ja oben selbst schon erschrocken. Dein Selbstliebewert ist unter 4. Da braucht es wohl Entwicklungshilfe. Und deine Fremdliebe ist auch ganz schwach. Und die Proseccoflasche ist jetzt leer.

Vielleicht ist ja gerade jemand von euch darauf gekommen, dass sie oder er viel besser dasteht als er oder sie sich das täglich selbst einredet beziehungsweise ihr oder ihm eingeredet wird. Das ist bei gar nicht so wenigen von uns der Fall. Wir fühlen uns oft viel stärker unterliebt als wir es tatsächlich sind. Das wäre jetzt ein optimaler Zeitpunkt zu entscheiden, ob Sie dieses Buch weiterlesen wollen oder glücklich lächelnd aussteigen.

Claudia, deine mL_g ist weit über 10. Das wundert mich nicht. Du bleibst trotzdem. Danke.

Rudi, du hast keinen Bezug zu deiner Selbstliebe herstellen können. Das Thema ist dir einfach zu fremd. Das ist fast eine andere, dir unbekannte Sprache. Du bist ratlos. Aber das Funktionieren nimmst du schon. Das ist dir verständlich. Dir ist das schon lange irgendwie zu viel. Du willst den Jakobsweg gehen. Irgendwann.

Ich bin ihn schon gegangen. Nicht aus religiösen oder spirituellen Gründen, sondern einfach, um mich zu Entfunktionalisieren und um Zeit für mich zu haben. Wandern ist eine sehr noble Art zu sagen: »Leckt mich doch alle am Arsch.« Nordspanien ist mir da entgegengekommen, weil ich das Land und diese Region kenne und liebe. Am ersten Tag hatte ich schon 28 Kilometer, es war aber erst fünf Uhr nachmittags. Also wollte ich noch die nächste Etappe, acht Kilometer, dranhängen. Genau in der Mitte, nach vier Kilometern, kam der Zusammenbruch. Der völlige Zusammenbruch. Ich hab mich dann noch mühsam die vier Kilometer ins Etappenziel geschleppt und wollte dort nur mehr sterben. Wünsche gehen nun mal nicht alle in Erfüllung und so war ich am nächsten Tag, halbwegs gehfähig, wieder auf der Piste. An diesem Tag machte ich 17 lockere Kilometer und vier große Blasen. Und da hat der Camino, der Weg mit mir gesprochen: »*Diga, hombre*, was machst du eigentlich auf mir? Du gehörst da gar nicht her. Schleich dich heim!« Ich sagte: »*Muchas gracias, senor camino!*« und nahm die nächste Maschine von Bilbao heim. Heim zu meiner Frau. Ich freute mich auf ihr unglaubliches, wunderschönes Lächeln und auf ihre zärtliche Umarmung. Auf die Geborgenheit meines Zuhauses, auf ein gutes Willkommensessen, auf meine Gartenliege. Ist das Leben nicht herrlich! Zu Hause angekommen, sagte Ulli: »Was machst denn du schon da? Ich bin noch nicht fertig mit der Wäsche.« Vielleicht schon wieder zu viel erwartet. Auf jeden Fall war ich in diesem Moment heftig unterliebt. Vielleicht lässt sich das Leben aber auch nur schwer planen. Das war meine viertägige Camino-Erfahrung. Inklusive An- und Abreise.

Rudi, nimm dir, was du brauchst. Damit meine ich nicht nur mein Geschreibsel.

Peter, du hast mit deiner Selbstliebe kein Problem. Du magst dich. Du denkst über die Fremdliebe nach. Es ist ja nicht so, dass du nicht genug gute Freunde hast. Beziehung hast du zwar derzeit keine, aber das wird sich schon ändern. Eltern. Du hättest es schlechter erwischen können. Das passt schon alles irgendwie. Du hast aber ein ungutes Gefühl, was die Stellung von euch Jungen in unserer Gesellschaft betrifft. Du fühlst dich nicht ausreichend respektiert und ziemlich ausgenutzt. Hmmm. Was soll ich da jetzt tun? Vielleicht schreibe ich später eine Ode an die Jugend. Wenn mir danach ist.

Ein Gedankenexperiment. Stellen wir uns vor, das aktive Wahlrecht würde mit einer Altersgrenze von 55 Jahren versehen werden. Da wäre ich dann auch schon nicht mehr wahlberechtigt. Unser Land, unser Europa würden schon anders ausschauen, oder? Da sind wir uns einig. Ob besser oder schlechter, ist wohl nur eine Frage Ihres Standpunktes und Ihrer Interessen. Wahrscheinlich auch Ihres Lebensabschnittes. Ich bin mir aber sicher, dass die Zukunft mehr Gewicht hätte, die Jungen viel bessere Optionen.

Rainer ist schon im Anflug auf Nürnberg. Ist ja auch nur ein kurzer Flug von Frankfurt.

Liebe Leserin, wertgeschätzter Leser? Wie schaut Ihre persönliche Liebesgleichung aus?

Wenn Sie sich selbst nicht mögen und Sie sich für einen ziemlichen Loser halten und auch Ihr Umfeld Ihnen ständig sagt, was Sie für eine unsympathische Flasche sind. Wenn Sie keine Beziehung und keine Freunde haben, weil Sie eben das Charisma eines verrosteten Fahrrades ohne Luft haben, Sie wirklich keiner mag, dann schaut Ihre Gleichung so aus: Selbstliebe sagen wir gnädiger Weise 1, Fremdliebe 1 werden Sie auch irgendwo noch zusammenkratzen können, vielleicht ja durch eine überfütterte Katze oder einen mehrsprachigen Kanarienvogel, bleibt also;

$$\mathbf{1 + 1 = 2}$$

Gesamtliebe 2. Und 10 bräuchten Sie. Sie sind also um 8 unterliebt. Da geht gar nichts mehr.

Frohe Botschaft! Ich schließe definitiv aus, dass diese Gleichung auf Sie zutrifft. Wenn diese Gleichung nämlich auf Sie zuträfe, hätten Sie gar nicht die Kraft, hier mit uns diesen Dialog zu führen. Da wären Sie wahrscheinlich schwer depressiv und könnten nicht einmal die Seite hier umblättern. Nein, so schlimm wird es wohl nicht sein. Ich gehe davon aus, Sie sind maximal so zwischen 2 und 5 unterliebt. Mit einem ausbaufähigen Wert bei der Selbstliebe. Mitteleuropäische Normalität. Kein Überpsycho, nur einfach ganz normal unterliebt. Das ist eben die Selbstliebe, die uns ausgetrieben und abgewöhnt wurde. Die wir uns selbst nicht gewähren. Bei der Fremdliebe werden Sie wahrscheinlich auch mehr oder weniger unterversorgt sein. Das ist eben die Fremdliebe, die uns vorenthalten wird. Wie auch immer.

Eines sollte Ihnen durch die Beschäftigung mit unserer Formel schon klar sein: Je geringer Ihre Selbstliebe ist, umso mehr Fremdliebe brauchen Sie. Ich gehe davon aus, dass die Formel soweit verständlich ist.

Ist es so? Ja? Gut. Sollten Sie doch noch eine Frage haben, senden Sie mir eine Mail.

eugen@prehsler.at

Rainer meldet sich zurück. Er ist gut gelandet. Er glaubt, es waren die Duschen. Nein, das ist die falsche Antwort. Ihm ist während des Fluges auch noch eine Frage eingefallen. Was ist Liebe überhaupt?

Scheiße.

Nein, Liebe ist nicht Scheiße. Sorry.

Naja, manchmal schon. Liebe kann ziemlich wehtun. Das kann sie gut. Aber nur, wenn sie nicht da ist. Driften wir hier jetzt nicht in den großen Liebeskummer ab. Rainers Frage ist nur so schwer. Irgendwie sollten wir die aber beantworten. Da muss ich jetzt doch nachdenken. Könnt ihr euch so circa zehn Minuten still beschäftigen. Claudia, du willst beim Wien-Quiz mitspielen. Na gut, dann speziell für dich, die

[WIEN-QUIZ] **Frage 2**

Die Lipizzaner-Pferde in der Spanischen Hofreitschule haben ja allerlei Tricks auf Lager.
Aber welches Kunststück vollbringt ein Pferd bei der sogenannten »Kapriole«?

A. Es kniet sich nieder und macht einen Kopfstand
B. Es dreht sich zweimal um sich selbst und wiehert dabei laut
C. Es stellt sich auf die Hinterbeine und hüpft so mehrere Meter weit
D. Es springt mit allen vier Beinen in die Luft und schlägt nach hinten aus

Auflösung kommt schon noch.

Alsdann. Da bin ich wieder. Claudia, was ist deine Antwort? C. Das ist fast richtig.

Jetzt aber rein in Rainers Frage. Was ist Liebe?

When the moon hits your eye like a big pizza pie
That's amore
When the world seems to shine like you've had too much wine
That's amore

Wenn der Mond dein Auge trifft wie eine große Pizza
Das ist Liebe.
Wenn die Welt zu strahlen scheint als hättest du zu viel Wein gehabt
Das ist Liebe.

Na bitte. Wer sagt's denn! Dean Martin. Eine meiner Lieblingsschnulzen. Zum Verlieben. Gut, so leicht machen wir es uns nicht. Das ist noch zu wenig.

Leute, ich gestehe, das Nachdenken hat nichts gebracht. Oder zu viel gebracht.

Ich liebe Pasta. Ich liebe mein neues Auto. Ich liebe die Natur. Ich liebe es, den Sonntag im Bett zu verträumen. Ich liebe Tschaikowskys Klavierkonzert. Ich liebe mein neues iPhone. Ich liebe den Herbst. Ich liebe die Ruhe am Morgen, bevor die Vögel Lärm machen. Ich liebe das Zwitschern der Vögel. Ich liebe gute Bücher. Ich liebe meine Arbeit.

Wir können viel und vieles lieben. Wir tun es offensichtlich auch. Wir sagen es ständig. Ist das Liebe?

Liebe auf Menschen bezogen artikulieren wir seltener. Vielleicht liegt es daran, dass wir uns mit der Liebe zu Menschen schwerer tun. Wie oft sagen Sie zu sich: »Ich liebe mich«? Wie oft sagen Sie zu Ihrem Partner: »Ich liebe dich«? Oft genug? Woher wissen Sie das?

In Wien gibt es ein sehr beliebtes Beziehungsmodell. Da sagt er zu ihr am Tage der Hochzeit: »Schatz. Ich liebe dich. Sollte sich daran in den nächsten zwanzig Jahren etwas ändern, rühr ich mich wieder.« Das funktioniert im Regelfall nicht ganz so gut.

Liebe ist nicht einfach. Allein sie zu definieren ist schon schwer. Kann man Liebe überhaupt wissen oder kann man sie nur fühlen?

Ihr schaut ein bisschen verwirrt. Von euch kommen auch keine Antworten. Googeln tun wir am Ende des Kapitels, einverstanden?

Okay, offensichtlich wissen wir alle zwar nicht genau, was Liebe ist. Aber sie ist irgendwie schön, oder? Ein Leben ohne Liebe ist ein bisschen leer. Besser: unvollständig. Man kann sein Leben ja auch ohne Liebe voll gestalten. Manche von uns müssen das sogar, weil die Liebe in ihren Leben gar nicht oder in sehr geringem Ausmaß vorhanden ist. Erfolg wird oft zur Kompensation von Unterliebe genutzt. Das heißt jetzt nicht, dass jeder Erfolgreiche ein liebloses Leben führt.

So war das nicht gemeint. Nur kenne ich Menschen, die superfleißig sind und jede Menge Überstunden machen, nur weil sie keinen Grund haben, nach Hause zu gehen. Vielleicht wollen Sie sich selbst die Frage stellen, was in Ihrem Leben wichtiger ist und die größere Rolle spielt. Liebe oder Erfolg? Liebe oder Leistung? Und ob das für Sie so passt.

Patrizia, was ist los mit dir? Weinst du? Trennungsschmerz? Dich hat dein Prinz vor drei Monaten verlassen. Eigentlich war er gar kein Prinz, sondern ein ganz normaler Mann. Du wolltest ihn nur auf einen Prinzen hochfrisieren. Das hat nicht wirklich funktioniert. Einer der größten Beziehungsirrtümer der Frauen liegt darin, dass sie glauben, ihre Männer verändern zu können. Männer hingegen glauben, dass ihre Frauen so bleiben wie in den ersten Monaten der Beziehung. Da können beide dann schon enttäuscht werden. War das bei euch ähnlich, Patrizia?

Ich möchte doch ein bisschen in den Liebeskummer reingehen. Muss sein. Liebe und Schmerz sind nun mal untrennbar miteinander verbunden. Richtig weh tut es nur, wenn die Liebe im Spiel ist. Das ist wohl der Grund für deine Tränen, Patrizia. Das könnte ja auch der Grund sein, wieso du dich in meine Zeilen verirrt hast. In den Situationen und Momenten, wo uns die Liebe weh tut, müssen wir entscheiden, ob wir weiter lieben mit dem Risiko, dass es wieder weh tut oder ob wir eben aufhören zu lieben. Man kann die Entscheidung gegen die Liebe am Verhalten der Menschen erkennen. So mancher, der sich gegen die Liebe entschied, ist heute Vorstand in einem weltweit führenden Unternehmen und führt dann auch dementsprechend. Auch so mancher große Geist aus Wissenschaft und Kunst hat sich irgendwann einmal gegen die Liebe entschieden. Liebe kostet ja auch Zeit und hält somit von großen Taten ab. In der Zeit, wo du deinem geliebten Menschen tief in die Augen schaust und ihr oder ihm etwas Zärtliches zuraunst, kannst du ja möglicherweise auch ein Kundengespräch führen, Networken oder Einsteins Relativitätstheorie widerlegen. Der geliebte Mensch könnten übrigens Sie selbst sein. Es ist immer eine Frage, wofür wir unsere Zeit verwenden.

Auf der anderen Seite verleiht Liebe ja auch Flügel. Und geht durch den Magen. Und macht sonst noch viele verrückte Dinge. Soll man lieben oder nicht? Wie gefährlich ist Liebe?

Ich kann das alles auch nicht wissenschaftlich fundiert beantworten. Ich kann nur aus meinem Bauch und meiner subjektiven, tiefsten Überzeugung heraus empfehlen: Du sollst lieben. Fang bei dir selbst an. Liebe dich selbst! Machen wir daraus ein Gebot. Das wäre dann das 11.

Das 11. Gebot: Liebe dich selbst!

Patrizia, gefällt dir dieses 11. Gebot? Patrizia hat aufgehört zu weinen. Jetzt schluchzt sie. Das haben wir ja super hinbekommen. Bitte, hör auf damit. Sonst kippen mir die anderen auch noch ins Mitleid oder den großen Liebesschmerz. Claudia weint bereits. Sie denkt an ihren verstorbenen Mann. Der war wirklich ein Prinz. Claudia, bist du so nett und kannst du Patrizia deine Kleenex-Schachtel reichen. Die rotzt schon ihr Kuschelpolster voll. Die Situation überfordert mich jetzt ein bisschen. Ich flüchte mich in den Text.

Zurück zum *crazy little thing called love.*

Irgendwie muss sie doch etwas können, diese Liebe. Sonst wäre sie nicht ein derart wichtiger Bestandteil unserer Kultur. Shakespeare hat sie beschrieben: »Kein steinern Bollwerk kann der Liebe wehren. Und Liebe wagt, was irgend Liebe kann.« *Romeo und Julia, 2. Akt, 2. Szene.* Das hat der alte Shakespeare allerdings auch geschrieben: »Was soll ich mit der Liebe, wenn sie den Himmel mir zur Hölle macht.« Da dürfte er gerade Zoff mit seiner Frau gehabt haben. Wahrscheinlich hat er die Schuhe nicht richtig ins Schuhregal gestellt oder den Geschirrspüler falsch eingeräumt oder schon wieder vergessen, die Butter vom Supermarkt mitzubringen oder die Kinder von der Schule abzuholen. Irgendetwas in dieser üblichen Alltagsart.

Das Zitat ist aus einem Sonett.

Die Beatles haben sie auch besungen, die Liebe.

All you need is love!
All you need is love!
All you need is love, love
Love is all you need

Das war damals, 1967. In zehn Ländern war die Single in den Charts auf Platz 1. Darunter die USA und Großbritannien.

Hätten die Beatles gesungen:

All you need is a job!
All you need is a job!
All you need is a job, job
All you need is a job

wäre das wohl keine Nummer 1 geworden. Einen Job beziehungsweise ein bisschen Geld brauchen wir aber schon auch. Nicht nur Liebe. Da dürften die Beatles einen Blödsinn gesungen haben. Nur Geld ist aber auch zu wenig.

Rainer, du mahnst mich, dir die Zeit nicht mit Floskeln und Allgemeinplätzen zu stehlen? Recht hast du.

Liebe. Was ist sie und wie wichtig ist sie? Ich kann dir noch immer keine exakte Antwort geben.

Viele Tausende und Abertausende andere haben die Liebe beschrieben, besungen, gemalt und in Stein gehauen. Die Philosophie und die Naturwissenschaften haben sich mit ihr auseinander gesetzt. Die Liebe wurde himmelhoch gepriesen und in die Hölle verdammt. Das hilft uns jetzt alles aber auch nicht weiter.

Von euch kommt noch immer nichts. Bleibt doch nur googlen. Da kommen wir gleich auf Wikipedia und das hier: »Liebe ist im Allgemeinen die Bezeichnung für die stärkste Zuneigung und Wertschätzung, die ein Mensch einem anderen entgegenzubringen in der Lage ist. Der Erwiderung bedarf sie nicht.« Jetzt wissen wir es. Zumindest im Allgemeinen. Hilft uns das weiter? Nicht wirklich, oder? Außerdem liest sich das auf einem emotionalen Niveau wie die Gebrauchsanweisung eines Küchengerätes und wir haben schon wieder diese Wertschätzung, mit der ich mir so schwer tue.

Wer noch weiter recherchieren will und Englisch kann, dem empfehle ich das englische Wikipedia. Die definieren Liebe nämlich anders. Meiner Meinung nach brauchbarer.

Ich geh raus aus der Frage, was Liebe ist, Rainer.

Halt! »Der Erwiderung bedarf sie nicht.« Das ist schon heftig. Hättest du das auch fast überlesen? Wo kommt das her? Siehst du das auch so?

Das hab ich vor Jahren auch gehört: »Wahre Liebe beginnt dort, wo man einander nicht mehr braucht.«

Das klingt für mich nach bedingungsloser Liebe. Kannst du das, Rainer? Bedingungslos lieben? Schwer. Wer von euch kann das? Können Sie das, bezaubernde Leserin, aufmerksamer Leser? Ich kann das mittlerweile bei meinen Kindern sehr gut. Bei meiner Frau ist das schon nicht mehr so einfach. Wahrscheinlich brauchen wir einander zu sehr. Wir sind über weite Strecken eher eine Zweckgemeinschaft als ein Liebespaar. Damit kommen wir gar nicht so schlecht zurecht in unserem ziemlich guten Leben. Mich selbst bedingungslos zu lieben. Puh. Keine leichte Übung. Ich bin oft sehr hart zu mir selbst, habe viel zu hohe Erwartungen, stelle eben

Bedingungen. So richtige Forderungskataloge: das und das und auch das noch musst du erreichen oder beweisen, Eugen, damit du endlich genügend bist und ich dich liebe. Das macht meine Selbstliebe sehr kompliziert. Und leider auch phasenweise sehr klein. Geht es euch ähnlich? Patrizia und Rainer nicken. Patrizia hat aufgehört zu weinen. Sie lächelt sogar wieder. Danke. Das nimmt Druck von mir.

Wenn ich mich aber in diesen seltenen, tollen Momenten der bedingungslosen Selbstliebe befinde, kann ich mich sogar vor den Spiegel stellen und sagen: »Heh, ich liebe dich. Dich da im Spiegel. Einfach so. Egal, was dir gerade gelingt oder was du gerade wieder falsch machst. Ich liebe dich. Schön, dass es dich gibt.« Da muss ich dann lächeln. Neben meiner Selbstliebe fühle ich so etwas wie Glück. Das ist wunderschön. Hält meistens nur nicht lange an. Das Selbstgeißelmonster liegt ständig auf der Lauer und kann seinen Job sehr gut. Probieren Sie das einmal selbst aus. Stellen Sie sich vor den Spiegel und sagen Sie: »Ich liebe mich!« Zumindest »Ich mag mich!« Ist eine sehr gute Übung. Die meisten meiner Coachees können das am Anfang nicht. Manche brauchen bis zu zwei Stunden, um da drüber zu kommen. Sich selbst zu lieben oder zu mögen muss ja wirklich etwas Unanständiges oder Böses sein.

Bedingungslose Selbstliebe.

In den meisten Selbstliebe-Ratgebern finden wir die glorreichen zehn Tipps und Tricks für die Selbstliebe. Fast immer ist das dabei:

Liebe dich, so wie du bist!

Oder *Liebe dich radikal bedingungslos!*

Das schreibt sich so leicht. Das liest sich so gut. Das lebt sich so schwer.

Ich könnte jetzt die Frage stellen: »Welche Bedingungen stellen Sie an sich, damit Sie sich lieben?« Tu ich aber nicht. Wenn Sie das interessiert, fragen Sie sich selber. Claudia hängt noch immer in ihren qualvollen Erinnerungen. Ich glaube, auch die anderen können jetzt etwas Positives, etwas Konkretes brauchen. Nein, keine Wien Quiz-Frage. Die kommt später. Ich lade Sie und euch auf eine Übung ein.

Das ist eine schöne Übung. Die hat bei mir und vielen anderen Menschen schon funktioniert. Die kann erheblichen Einfluss auf die Selbstliebe haben. Ich mache sie übrigens regelmäßig. Die Übung ist genau genommen eine Frage. Noch genauer genommen die Beantwortung dieser Frage.

»Wieso bin ich liebenswert?«

Ich meine diese Frage ernst. Die habe ich auch von den Amis gelernt. Das ist eine gute Frage.

Schreibt einmal 5 – in Worten fünf – Gründe auf, wieso ihr liebenswert seid. Am besten fünf Eigenschaftsworte. Das macht es einfacher.

»Weil ich einfach ich bin.« ist kein Grund, sondern eine Floskel. Die würde ich sofort hinterfragen: »Und wie bist du konkret?«

Außerdem bist du alles andere als einfach. Niemand ist einfach er selbst. Die meisten von uns sind mehrere.

Hier der Platz für eure fünf liebenswerten Eigenschaften:

1.

2.

3.

4.

5.

Gar nicht so einfach, sagen Sie? Eh nicht, wenn man das zum ersten Mal macht.

Machen Sie später, sagen Sie? Wie so vieles. Ständiges Vertagen höhlt uns aus. Ihre Entscheidung.

Den Blödsinn brauchen Sie nicht? Okay. Ihr Wille.

Claudia, die Übung hat dir offensichtlich geholfen. Dir geht es wieder halbwegs gut. Was sind deine fünf Gründe?

Humorvoll, du kochst gut, romantisch, fantasievoll, kreativ.

Du kochst gut ist zwar kein Eigenschaftswort, wir lassen das aber gelten.

Gut Kochen ist doch kein Grund, liebenswert zu sein? Peter, ich habe doch vorher schon geschrieben, dass meine Frau sensationell gut kocht und ich ziemlich gut esse. Wir finden das liebenswert. Beim Essen schenken wir uns gegenseitig am öftesten ein Lächeln. Bei uns geht die Liebe wirklich durch den Magen. Als was sie dann rauskommt, möchte ich hier nicht erörtern. Aber eine weise Frau hat mir einmal gesagt, die drei wichtigsten Dinge im Leben sind: gutes Essen, hie und da eine nette Nummer und ein regelmäßiger Stuhlgang. Ich hab mir das genommen.

Patrizia, wie schaut es bei dir aus? Du hast erst drei. Immerhin. Verlässlich, zielbewusst, gepflegt. Patrizia, jetzt einmal so unter uns. Du spürst schon den Unterschied zu Claudias Gründen, oder? Das ist eine andere Liebenswert-Geschichte. Vielleicht war das deinem Ex-Prinzen zu wenig. Das musst du entscheiden. Ich biete dir aber noch zwei an, die dich für mich liebenswert machen: wild. Ja, das ist eine faszinierende Seite an dir, auch wenn du sie gerade gut verborgen hältst in deinem angerotzten Schmuddelpyjama. Der zweite Grund ist dein Sprachentalent. Du sprichst unglaublich temperamentvoll Spanisch. Da kommt das Wilde, die Lust am Abenteuer durch. In deinem Französisch bringst du deinen Stil und deine Klasse zum Ausdruck. Trés chic, manchmal fast schon ein bisschen zickig. Und wenn du Italienisch sprichst. Oh, Bella! Dann möchte ich mit dir im Trevi-Brunnen baden.

Peter, wie schaut es bei dir aus? Dir fällt gar nichts ein. Wenn du Pech hast, fällt dann vielleicht auch niemandem anderen ein Grund ein, warum du liebenswert bist. Schade um dich. Potenzial wäre ja genug da.

Kennt ihr den?

Therapeut zum Klienten: »Ich habe eine gute Nachricht für Sie. Sie haben keinen Minderwertigkeitskomplex, Sie sind minderwertig.«

Peter, das bist du definitiv nicht. Du hast nur noch nie darüber nachgedacht, was dich liebenswert macht. Als ich mir die Frage zum ersten Mal bewusst gestellt habe, bin ich auch ziemlich überfordert gewesen. Mir ist es damals ähnlich komisch, sogar richtig schlecht gegangen. Peter, es gibt mindestens 50 Gründe, warum du liebenswert bist. Du siehst sie nur nicht. Wenn du sie aber einmal siehst, dann ist das Dünger für deine Selbstliebe.

Rainer, was du da auf deinem Zettel stehen hast, schaut für mich eher wie ein konzentrierter Leistungsbeweis aus. Leistungsorientiert, fokussiert, effizient, tatkräftig, mitreißend. Das wirkt auf mich wie ein Mitarbeitergespräch mit dir selbst. Macht dich das liebenswert? Ja, sagst du. Für wen? Und wen noch? Für dich selbst auch?

Rudi, was ist mit dir? Wo gehst du denn hin? Flüchtest du, gefällt es dir bei uns nicht mehr? Ach so. Dein Sohn ist gerade gekommen und du willst versuchen, ihn zu umarmen. Wow. Das ist schön. Ab mit dir. Tu deinem Sohn und dir Gutes. Komm dann bitte wieder und berichte uns. Wenn du willst.

Liebenswerter Leser, attraktive Leserin. Haben Sie schon die ersten fünf Gründe, warum Sie liebenswert sind? Wenn ja, machen Sie weiter. Auch wenn es vielleicht peinlich ist. Sie gewöhnen sich schon daran. Da wächst Ihre Selbstliebe. Auch an die werden Sie sich gewöhnen. Die fühlt sich nach der Eingewöhnungszeit echt gut an. So wie sich Ihr derzeitiges Schämen für die Selbstliebe gut anfühlt. Gut hier im Sinne von gewöhnt. Schlechte Gewohnheit.

Bei wem hat diese kleine Übung die Selbstliebe verändert?

Da habt ihr noch einmal die Skala:

0 ♥ ♥ ♥ ♥ ♥ ♥ ♥ ♥ ♥ 10

Ist der Wert schon nach rechts gewandert im Vergleich zu vorhin?

Diese von euch genannten Gründe könnt ihr als eure Bedingungen für eure Selbstliebe verwenden. Immer, wenn ihr das seid, was ihr geschrieben habt, könnt ihr euch schon einmal lieben. So einfach umgehen wir die bedingungslose Liebe. So leicht können wir uns beweisen, dass wir etwas wert sind. Hoffentlich auch für uns selbst.

Du bist ausgestiegen, Claudia? Du kennst dich nicht mehr aus. Reden wir jetzt die ganze Zeit von Selbstliebe oder Selbstwert? Ich soll das klarer darstellen. Danke für den Hinweis. Ich mache das gerne. Das kann ich auch besser als *Liebe* definieren.

Was gibt es noch, Peter? Woher die Kapitelüberschrift stammt?

This Crazy Little Thing Called Love ist ein Song von *Queen* aus dem Jahre 1979. Geschrieben vom legendären Freddie Mercury. Er hat dafür nur zehn Minuten gebraucht.

Rudi und ich haben dazu voll abgerockt.

Selbstwert oder Selbstliebe? Wir reden von beidem.

Ich beginne mit meinem Lebensmut-Modell.

Selbstwert
⇒ Selbstliebe
⇒ Selbstvertrauen
⇒ Vertrauen
⇒ Trauen = Mut
⇒ Lebensmut

Kurz erklärt:

Dein Selbstwert ist die Basis für deine Selbstliebe. Im Selbstwert spiegeln sich deine erfüllten und nicht erfüllten Eigenbedingungen. Wenn du dich wirklich bedingungslos lieben kannst, dann kannst du diese erste Stufe des Modells, den Selbstwert, einfach überspringen. Du stellst ja dann die Frage nach ihm gar nicht. Du liebst dich einfach. Punkt. Schön. Die Meisterschaft in der Selbstliebe. Das schaffst du in der Theorie, Claudia. Du kannst die erste Stufe aber nicht überspringen. Du musst dir selbst beweisen, dass du etwas wert bist.

Das ist in unserer westlichen Leistungsgesellschaft eher der Regelfall. Wir müssen uns irgendwie einen Grund geben, dass wir dieses Selbst lieben. Ich schreib den Satz noch einmal und verwende dabei statt lieben ein Wort, das wir schon hatten. Wir müssen uns irgendwie einen Grund geben, dass wir dieses Selbst wertschätzen. Oder unseren Selbstwert schätzen. Alles muss seinen Wert haben. Auch du für dich. Aus dieser Grundbedingung machen wir einen Kausalzusammenhang.

Selbstwert ➲ Selbstliebe

Je geringer der Selbstwert, umso geringer die Selbstliebe.

Daraus leitet sich eine für uns oft unangenehme Strategie von anderen ab: Wer uns schwächen will, attackiert unseren Selbstwert. Die Selbstliebe wird mit in den Abgrund gerissen. Es geht um Macht und Interessenkonflikte. Star Wars-Fans kennen die Frage: »Welche Mächte formen dich?« Eine wirklich gute Frage. Bei mir lautet sie: »Wer hat uns so gemacht?«

Jedenfalls führen die beiden ersten Stufen Selbstwert und Selbstliebe, so sie vorhanden sind, zu deinem Selbstvertrauen. Auch klar.

Selbstvertrauen führt zu mehr Vertrauen. Das ist dir nicht ganz klar?

Claudia, es gibt Menschen, die in ihrer Verzweiflung wirklich glauben, das Leben hat den ganzen Tag nichts Besseres zu tun, als hinter jeder Straßenecke zu lauern und ihnen eins auf die Rübe zu geben. So nach dem Motto: »Der nächste Schicksalsschlag kommt bestimmt.« Das Leben als Schläger. Bitte nicht schon wieder zu weinen anfangen. Aber genauso ist es dir damals ergangen, als du nach Hause gerufen wurdest. Notarzt- und Rettungswagen vor der Türe. Beide zu spät. Du zu spät. Das Löwenherz deines Prinzen hatte aufgehört zu schlagen. Deine Welt ist zusammengebrochen. Du machtest dir Vorwürfe. Keine Selbstliebe, kein Vertrauen. Nur mehr Verzweiflung und Hoffnungslosigkeit. Keine gute Gesamtinterpretation des Lebens. Du hast dir mühsam erst wieder deine Selbstliebe, dein Selbstvertrauen und das Vertrauen ins Leben aufbauen müssen. Du hast das wirklich gut gemacht und machst es weiter gut. Das dauert seine Zeit. Wenn du dir selbst vertraust, vertraust du auch leichter dem Rundherum. Eben dem Leben. Die Kombination Selbstvertrauen und Vertrauen füllt das Glas. Egal, ob es gerade halbvoll oder fast leer ist. Es wird schon gut gehen. Jetzt verstanden?

Wenn du vertraust, eben auf einen guten Fortgang deiner Lebensgeschichte, dämpft das deine Ängste und deine Verzweiflung. Du traust dich mehr. Du bist mutiger. Für mich die schönste Form von Mut ist Lebensmut.

Soweit zur Ableitung vom Selbstwert über die Selbstliebe zum Lebensmut. Lebensmut ist Zuversicht. Das ist das Gegenteil von dem weitverbreiteten Angst Haben.

Patrizia, du bist im Widerstand? Was? Ich bin frauenfeindlich, sagst du? Wie kommst du auf so etwas? Deine Rolle und die von der Claudia sind dir viel zu schwarz. Du willst keine verheulte Zicke sein. Ui, da kannst du recht haben. Danke für den Hinweis. Claudia kommt mit dem Verlust ihres Mannes ganz gut zu Recht. Claudia, passt das für dich?

Grundsätzlich schon, nur willst du nicht immer daran erinnert werden. okay. Ich werde darauf schauen. Patrizia, dir verspreche ich, dass du im Laufe dieses Buches noch deinen Prinzen finden wirst. Einverstanden?

Ich kehre zurück zur Selbstliebe. Die besteht aus dem Selbst und der Liebe.

Damit du dich selbst liebst, muss es dieses *Selbst* erst einmal geben. Lach nicht, Peter. Natürlich gibt es dich. Die Frage ist, ob du beziehungsweise in welchem Ausmaß du dir dessen auch bewusst bist. Kennst du dein Selbst gut genug?

Verkehrskontrolle. Der Polizist neigt sich zum Fahrer, verlangt die Fahrzeugpapiere und fragt:

»Wer sind Sie? Woher kommen Sie? Wo wollen Sie hin?«

Der Fahrer antwortet: »Fragen wir uns das nicht alle?«

Mit diesen drei Fragen werden Milliardenumsätze erzielt. Die große Suche nach dem Ich. Wir nennen es Selbst. Selbsterfahrung, Selbstbewusstsein, Selbstfindung, Selbstreflexion, Selbstentwicklung, Selbstverwirklichung. Das Selbst ist heutzutage die wichtigste Reisedestination. Die ganz große Sehnsucht. Dort wollen viel mehr Menschen hin als nach Paris, auf die Malediven oder auf den Kilimandscharo. Die Wege zum Selbst sind mannigfaltig. Manche begnügen sich mit einem Workshop oder der Therapeutencouch. Andere brauchen dafür die Weltreise oder die Auszeit im Kloster. Wieder andere fangen zu malen oder zu schreiben an. Rudi sitzt am Genfer See. Wie gesagt, viele Wege führen zum Selbst.

Wenn du zu deinem Selbst reist, so hoffe ich, dass du dort nicht nur als Tourist ankommst und dich kurz besichtigst. Wenn du dich gefunden hast, nimm dich als Reisesouvenir mit heim. Sofern du interessant genug für dich bist.

Würdest du gerne mit dir selbst auf ein Bier oder einen Prosecco gehen? Oder auf einen Kräutertee? Würdest du dich gerne selbst daten? Oder hast du deine Selbstfindung gestoppt in der Angst, dass du am Ende deiner Suche vielleicht einen ziemlich uninteressanten, kaputten Typen triffst, mit dem du maximal Mitleid hast, aber für den du weder Respekt noch Liebe aufbringen kannst? Nach dem Motto: Bevor ich mich selbst anöde, hänge ich lieber mit Freunden ab und hole mir deren Fremdliebe. Da bin ich wenigstens für die liebenswert. Wenigstens denen gefalle ich.

Ich gehe davon aus, dass die meisten meiner Leser und Leserinnen schon Erfahrung mit der großen Selbstsuche gemacht haben und ihr Selbst auch schon so stark vorhanden ist, dass sie es als Objekt ihrer Selbstliebe verwenden können. Wenn das Selbst nicht vorhanden ist, ist es auch nicht liebbar. Dann bringt unser Dialog hier gar nichts. Er geht ins Leere. Logisch, oder? Ich möchte nicht zu tief in das Thema der Selbstsuche einsteigen. Das wird uferlos. Eine zusätzliche Komponente des Selbst brauche ich aber für unser Thema: den *eigenen Willen*. Der spielt nämlich eine ganz entscheidende Rolle für unsere Selbstliebe. Sich selbst zu lieben muss man nämlich wollen.

Jetzt zum eigenen Willen und seine Bedeutung für das Selbst. Europa zeichnet sich in seiner Wertewelt durch die Betonung des Individuums aus. Auch wenn es immer wieder Zeiten gab, wo das Individuum dem Kollektiv untergeordnet wurde. Das war zum Beispiel ganz stark der Fall mit dem Aufkommen der Nationen im 19. Jhdt. Diese Entwicklung fand ihre fürchterlichen Höhepunkte im Nationalsozialismus und im Stalinismus.

Heute wird zumindest in der Rhetorik das Individuum, der oder die Einzelne, wieder in den Himmel gehoben. In jedem zweiten Coaching-Buch können Sie den Satz lesen: »Du bist ein einzigartiges Original.« Oder die Variante: »Du bist als Original geboren. Stirb nicht als Kopie.« Außerhalb der Coaching-Bücher sind wir konsolidierte Zielgruppen, werden normiert und geclustert. Unsere Bedürfnisse werden gebündelt.

Seit über zwanzig Jahren höre ich in der Wirtschaft und seit ein paar Jahren auch in der Politik den Ruf nach dem eigenverantwortlichen Mitarbeiter und Staatsbürger. Eigenartigerweise gibt es ihn gar nicht so oft. Vielleicht hängt das damit zusammen, dass Eigenverantwortung selbständiges Denken, eine eigene Meinung und eben einen eigenen Willen voraussetzt. Da droht aber dann der Verlust der Steuerbarkeit und der Kontrolle.

Braucht Ihr Selbst Ihren eigenen Willen? Schon irgendwie, oder? Ohne eigenen Willen können Sie sich auch keine eigenen Ziele setzen. Dann brauchen Sie Ziele von außen.

Fremdziele. Das sind dann aber möglicherweise nicht mehr Sie. Da sind Sie dann eventuell eine Marionette, die instrumentalisiert wird. Ich mache auch daraus einen Kausalzusammenhang. Der eigene Wille ist eine Grundvoraussetzung für das Selbst.

Eigener Wille ➲ Selbst

Sie erkennen sicher schon, worauf ich hinaus will.

Die nächste perfide Strategie. Wer Ihr Selbst schwächen und Ihnen seinen Willen aufzwingen will, attackiert Ihren eigenen Willen. Manchmal wird er sogar gebrochen. Wieder geht es um Macht und Interessenkonflikte.

Das klingt jetzt negativ. Kann es auch sein. Muss aber nicht. Immer locker bleiben. Es sind ja nur Thesen.

Zum Abschluss dieses Kapitels wiederhole ich das Zitat von Ödön von Horvath: »Eigentlich bin ich ganz anders. Ich komm nur so selten dazu.«

Ein Original? Das seinen Willen durchgesetzt hat?

Wer Lust hat, mit seinem Selbst noch ein bisschen zu spielen. Hier zwei Fragen.

Was hab ich von mir?

Wo tue ich mir gut und wo nicht?

Viel Spaß damit.

Claudia, ich hoffe, ich konnte das Verhältnis und den Zusammenhang zwischen Selbstwert und Selbstliebe klären. Weil der Selbstwert für die Selbstliebe so wichtig ist, werden wir uns anschauen, wie so ein Selbstwert konstruiert wird. Davor machen wir aber eine kurze Pause. Die könnt ihr zum Nachdenken, Vordenken, Querdenken nutzen oder ihr entspannt euch bei Spiel und Trank. Patrizia, sei bitte mit deinem Proseccokonsum ein bisschen vorsichtiger. Sucht ist auch ein Symptom für Unterliebe, besonders für fehlende Selbstliebe.

Was willst du, Peter? Dich interessieren auch andere Symptome der Unterliebe. Das ist von allgemeinem Interesse. Na gut, dann schiebe ich das noch nach der nächsten Wien-Quizfrage ein. Danach machen wir uns aber wirklich an den Selbstwert ran.

[WIEN-QUIZ] **Frage 3**

Welche Kommission wurde 1752 von der Regentin Maria Theresia tatsächlich ins Leben gerufen?

A. Die Zuckerkommission
B. Die Keuschheitskommission
C. Die Kommission für das Tragen roter Kleidung
D. Die Friedhofskommission

Auflösung kommt schon noch.

Auf Wunsch von Peter und den anderen meiner virtuellen Fans hier ein paar Zeilen zu den Symptomen der Unterliebe. Zuerst einmal so etwas wie ein Generalbefund. Sehr grob und vereinfachend. Aber ihr werdet in diesen Profilen reale Menschen aus eurer Umgebung erkennen können.

Unterliebte Menschen resignieren entweder und weichen der Liebe aus. Weil sie sie fürchten. Nicht die Liebe selbst, sondern die Enttäuschung, sie vielleicht doch wieder nicht zu bekommen. Oder sie versuchen auf unterschiedlichste Art, ihren Mangel an Liebe zu kompensieren. Sie lechzen nach Liebe.

Die erste Gruppe streicht die Liebe aus ihrem Lebensprogramm. Sie distanziert sich oft und geht in die soziale Isolation. Ihr wichtigster Gesprächspartner ist das große Grübelmonster. Mit dem unterhalten sie sich über die Ungerechtigkeiten des Lebens, ihre Kränkungen und ihre Hoffnungslosigkeit. Sie können ihre Fähigkeiten nicht nutzen und machen ihre eigenen Erfolge ständig nieder. »Das ist doch nichts Besonderes. Das kann doch jeder.« In dieser Art. Erfolge genießen? Diese Fähigkeit haben diese Menschen auch nicht gelernt. Sie neigen dazu, sich selbst zu geißeln und sich mit Schuld zu überhäufen. Sie ziehen sich selbst nach unten. Sie fühlen sich ständig ungenügend. Das ergibt eine negative Ausstrahlung, die wiederum Menschen in der gleichen Situation anzieht. Da wird zwar die soziale Isolation durchbrochen, aber gesund sind solche Zusammenrottungen dieser Unterliebten auch nicht gerade. Da tauscht man dann seine Probleme aus und lädt einander zusätzlich negativ auf. Man bestätigt einander in seiner negativen Welt. Angst ist ein ständiger Begleiter. Angst aus der Vergangenheit. Angst vor der Zukunft. Eine gefährliche Spirale, die in die große Unzufriedenheit und den großen Lebensfrust führt. Das kann wiederum zu Aggression welcher Ausprägung auch immer führen.

Die zweite Gruppe versucht, sich Liebe zu verdienen. Sie buhlen darum, endlich etwas wert zu werden. Sie wollen wahrgenommen werden. Dazu gehören die »Turboleister« und die »Wichtigmacher«, die ständig im Mittelpunkt stehen wollen. Dazu gehören auch die Menschen, die ständig für andere da sein wollen. Das geht bis zum Helfersyndrom. Für ein Lächeln und ein aufmunterndes Wort, ein kleines Danke machen diese Menschen die unglaublichsten Dinge.

Konkrete Symptome der Unterliebe kann ich auch anbieten. Meine Liste erhebt keinen Anspruch auf Vollständigkeit. Wenn Sie Lust haben, können Sie ja bei jedem angeführten Symptom, das Ihrer Meinung nach auf Sie zutrifft, das Kästchen ankreuzen. Und ihre eigenen zusätzlichen Symptome ergänzen.

❑ Aggression

Andere erniedrigen ist eine sehr beliebte Selbstwertstrategie. Dadurch erhöht man sich selbst und fühlt sich besser. Wichtiger. Deshalb haben die meisten Menschen ja auch so gern Recht. Recht haben ist Macht haben. Macht speist den

Selbstwert. Leider. Blöd ist nur, dass ein anderer dann Unrecht hat. Das ist für dessen Selbstwert gar nicht gut. Der geht dann in die Gegenoffensive.

Kennen Sie das? Meetings welcher Art auch immer, ob im Besprechungszimmer oder am Stammtisch. Niemand ist wirklich an einer Lösung interessiert, sondern es werden nur die Befindlichkeiten gepflegt. Ein einziges Pfauenradschlagen und Armdrücken, wer Recht hat. Es geht ums Gewinnen. Wer mehr wert ist. Nicht um die Sache an sich.

Eine wissenschaftliche Aussage: »Jede Form von Aggression ist ein Zeichen fehlender Anerkennung.« Eine andere wissenschaftliche Aussage: »Aggression ist ein im Menschen verankertes, biologisch fundiertes Verhaltensmuster.« Sie können es sich auch hier richten, wie Sie es brauchen. Wenn Sie so ein kleiner Familien- oder Firmentyrann sind, dann sind Sie entweder voll auf dem Biotrip und leben Ihre natürliche Aggression aus, oder Sie sind unterliebt und schlicht und einfach ein unangenehmer Zeitgenosse.

Montag ist übrigens in vielen Unternehmen der Toptag für Kundenbeschwerden. Da wird vielfach auf die Blutwiese gegangen. Das ist leicht zu erklären. Sagen wir, der Herr Abteilungsleiter freut sich am Freitag aufs Wochenende. Er hofft auf ein nettes Gespräch mit seinem Nachbarn, liebevolle Anerkennung von seinem Kind und ein amouröses Abenteuer mit seiner Frau. So weit die schöne Vorstellung. Das wäre ein gutes Wochenende für den Selbstwert. Er kommt heim. Der Nachbar steht auf seinem Parkplatz. Das einzige, was er von seinem Kind an diesem Wochenende hört, ist: »Kann ich 20 Euro fürs Kino haben? Ich schlafe übrigens dieses Wochenende bei meiner Freundin.« Und seine Frau hat bereits acht Wochen in Folge Migräne. Wieder nichts. Kein schönes Wochenende. Da sitzt er jetzt da, unser unterliebter Herr Abteilungsleiter. Und wird zusehends böse. Am Montag sucht er sich ein Opfer zum Abreagieren. Zum Erniedrigen. Eine Dame an der Kassa eines Supermarktes zum Beispiel. Oder er ruft in seiner Bankfiliale an. Natürlich sagt er nicht: »Tut leid. Ich habe ein total beschissenes Wochenende gehabt und muss jetzt irgendjemanden zur Sau machen, damit ich mich besser fühle. Nehmen Sie es bitte nicht persönlich. Ich brauche das jetzt einfach. Wenn Sie mir das gestatten, bedanke ich mich nachher auch bei Ihnen.« Er sucht sich irgendeinen Vorwand. Ein abgelaufenes Joghurt oder eine um zehn Cent zu hoch verrechnete Buchungszeile. Oft geht das in einer Tonalität ab wie: »Sie sind ja vollkommen unfähig und zu dumm für ihren Job.« Die meisten Attackierten brechen da zusammen. Weil sie das ernst nehmen, was der sagt. Sie nehmen es wirklich persönlich. Er könnte ja Recht haben und sie könnten ja vielleicht wirklich zu dumm sein. Das passiert vor allem jenen Mitarbeitern, die so gut wie keinen Selbstwert haben. Die sind leichte Beute für die Wochenendterroristen. Das sind wirklich Terroristen. Die verbreiten viel Angst, Furcht und Schrecken. Eben Terror. Gerät so ein frustrierter Wochenendler an einen Selbstwert starken Mitarbeiter mit Heldenallüren, der sich berufen fühlt, sein Unternehmen um jeden Preis zu verteidigen, kommt es zu einem großen Showdown. Das eskaliert dramatisch. Wegen eines unlustigen Wochenendes. Dabei braucht unser Herr Abteilungsleiter nur Liebe und Anerkennung.

Rainer, du willst wissen, wie man das macht? Ich halte mich da nicht lange auf, das ist ja keine Reklamationsschulung. Ein paar Hinweise müssen dir genügen. Gut ist schon einmal ein nettes Danke. Wenn der Abteilungsleiter anruft, bedankt man sich für den Anruf. Nein, das wird ihn nicht gleich beruhigen. Im Gegenteil. Der wird in den meisten Fällen noch lauter schreien. Aber er hat das kleine Zauberwörtchen schon gehört, das er das ganze Wochenende vermisst hat. Danke. Das wirkt schon. Dann kannst du ihn fragen, ob du sein Anliegen notieren darfst. Wenn dir jemand zuhört, ist das schon gut für deinen Selbstwert. Wenn der oder die das sogar so wichtig nimmt, dass sie oder er das aufschreibt, gilt es noch viel mehr. Er ist ja das ganze Wochenende einsam daheim gesessen. Niemand hat ihn wichtig genommen. Also tu du es jetzt. Beziehungsweise deine Mitarbeiter. Oder gib ihm zumindest das Gefühl, dass er nicht der einzige Unterliebte ist. Das nennt man im Coaching Normalisieren. Wir haben Tests durchgeführt. An Montagen. Wenn da so einer ins Telefon geschrien hat, haben wir ihm entgegen gehalten: »Schreien Sie nicht mit mir. Ich hab ja selber ein beschissenes Wochenende gehabt.« In vier von fünf Fällen hat das gewirkt. Der Anrufer hat zu lachen begonnen. Das kannst du dir jetzt nicht vorstellen, Rainer. Aber das ist dein Problem, nicht meines.

Mehr im Workshop.

Das muss ich Ihnen noch schreiben.

Ein Klient hat mir einmal gesagt, er fühle sich wie ein Wolf im Fangeisen. Er hat sich geärgert, dass seine Frau nicht mehr zärtlich zu ihm war und die Menschen auf Distanz gingen. Würden Sie einen Wolf im Fangeisen streicheln?

❑ Neid

Der kommt aus dem Ungerechtigkeitsgefühl. Neid ist in unserer Kultur weit verbreitet. Schon Hildegard Knef sang: »Was, dir geht's gut? Da muss doch was zu ändern sein.« Menschen mit wenig Selbstwert vergleichen sich ständig. Sie ziehen dabei konsequent den Kürzeren. Nicht, weil sie wirklich schlechter sein wollen. Sondern weil sie ihre Meinung von sich selbst bestätigen wollen. Damit sie damit leben können, montieren sie die anderen ab. Neid ist böse. Zu den anderen. Neid ist auch eine der Todsünden. Aber was kümmert uns die christliche Lehre, wenn sie uns gerade nichts nützt.

Neidischer Vergleich kann aber auch durchaus lustig sein. Die Römer lieben Wien. Und beneiden uns Wiener um so vieles. Die Wiener lieben Rom. Und beneiden die Römer um so vieles. Zumindest eine der Stadtbevölkerungen muss ziemlich wuschi sein. Wahrscheinlich beide. Ein schönes Beispiel dafür, dass wir immer das haben oder sein wollen, was wir nicht haben oder sind. Immer neidisch auf die anderen blicken.

Oh, Rom. Ich komme ins Schwärmen. Sie wissen ja schon, dass ich Wiener aus Begeisterung bin. Aber Rom? Das ist die ultimative Selbstwertstadt. Rom braucht nichts mehr zu beweisen. Rom ist schon so oft untergegangen und wieder auferstanden. Rom hat keine Allüren. Rom buhlt auch nicht um uns. Rom ist. Seit Jahrtausenden. Paris ist auch wunderbar. Aber irgendwie wirft es sich ständig in Pose, zickt herum und will uns ständig beweisen, wie gut es ist. Und wie schlecht wir sind. In Paris kannst du dich minderwertig fühlen, in Rom nur gut. Ich kenne keine zweite Stadt auf der Welt, die so souverän mit ihrem Selbstwert umgeht und sich so auf das Sein konzentriert. Gut, die hat es auch leicht. Rom hat ja schon alles. Außer eine beständige Regierung. Aber das ist auch schon eine nette Gewohnheit für Rom geworden. Damit gehen die ziemlich locker um.

Gefällt Ihnen das, liebe Leserin, lieber Leser? Dieses Spiel mit Stadtpersönlichkeiten und deren Selbstwert? Ein Geheimtipp in Deutschland. Chemnitz. Die Stadt hieß früher Karl-Marx-Stadt. Sie war schon völlig kaputt. Die Jungen zogen weg. Viele Häuser standen leer. Wer sollte diese Stadt noch lieben? Die Stadt hat beschlossen, sie tut es selbst. Was da passiert, ist ein wunderbares Beispiel, wie Politik für die und mit den Menschen diese zu Höchstleistungen und Lebensfreude führen kann. Nein, hier keine Details. Selber recherchieren oder am besten gleich hinfahren. Wenn Sie mich zu einem Workshop oder zu einem Vortrag nach Chemnitz einladen, komme ich nur gegen Reisespesen und Quartier. Kein Honorar. Dadurch will ich danke sagen und meinen Respekt zeigen.

Patrizia und Rainer, jetzt habe ich echt schön über eine Stadt in eurer Heimat geschrieben. Euch war das selber nur nicht bewusst. Ich kann aber auch anders. Ich brauch das jetzt auch. Angenommen, unsere südlichen EU-Staaten, Spanien, Italien, Griechenland, Portugal, werden wirklich so effizient und produktiv wie ihr in der Wunderwirtschaftsmacht Deutschland. Wir schaffen die langen Mittagspausen ab, die Hitze bekämpfen wir mit Klimaanlagen, und alles wird ganz adrett restauriert und sauber gemacht. Jetzt mal ehrlich. Wo werdet ihr denn dann hinfahren, um das *dolce far niente*, das *savoir vivre*, die *bella vita* kennenzulernen? Dann wird es überall Gewerbeparks geben. Und Lidls, Aldis, Media Märkte und die anderen Top-Unternehmen. Könnt ihr euch vorstellen, dass ihr mit einer Apfelschorle des Supermarktes eures Vertrauens, natürlich im Supersonderangebot, die Zehen in den Sand von Kreta oder Santorin steckt? Oder kann das mit einem Retsina und ein paar Souvlaki schon mehr? Sollen die südlichen EU-Partnerländer nur deshalb in den nördlichen *way of life*, wie es so schön heißt, gezwungen werden, weil wir ihnen die Sonne und ihren *way of life* neidisch sind? Ihre Tomaten, Gurken, Orangen nehmen wir ihnen eh schon. Warum nicht auch ihr Glück? Was, euch geht's gut, da muss doch was zu ändern sein.

Neid kann so viel zerstören. Andere und uns selbst. Neid ist ein sehr destruktives Symptom der Unterliebe.

❑ Ängste

Die gute Nachricht: Angst ist sehr wohl eine natürliche Emotion, die uns immer wieder vor großem Schaden bewahrt. Diese Art von Angst nenne ich die gute Angst. Sie bewahrt uns davor, dass wir uns auf heiße Herdplatten setzen, Urlaub in Kriegsgebieten machen und in Europa auf der linken Straßenseite Auto fahren. Manchmal auch davor, dass wir die eigene Frau mit falschem Namen anreden. Oder den eigenen Mann. Wenn Sie diese Angst nicht haben oder nicht auf sie hören, sind Sie nicht mutig, sondern verhaltensgestört und kurzlebig. Oder demnächst geschieden. Von dieser Angst haben wir oft zu wenig. Nämlich immer dann, wenn wir uns selbst schaden. Die gute Angst ist kein Symptom für die Unterliebe, sondern für Lernfähigkeit. Wenn Sie die haben, Glückwunsch. Sie brauchen das Kästchen nicht ankreuzen.

Es gibt auch die schlechte Angst. Die haben wir schon auf der sibirischen Wiese kennengelernt. Die grassiert gerade in Europa und im Leben von vielen von uns. Fast schon epidemisch. Diese Epidemie ist als Zukunftsangst bekannt. Leider gibt es dagegen keine Impfung und sie wird auch sonst wenig behandelt. Offensichtlich ist diese Angst viel wert. Für wen auch immer. Diese Angst wird geschürt, damit sie uns ohnmächtig macht und lähmt. Dann sind wir passive Opfer, denen der Mut fehlt und die keinen Widerstand leisten. Brav und folgsam. Es muss uns nur noch gesagt werden, wohin wir folgen sollen. Oder wir werden zu aktiven Opfern und entwickeln eine Energie, die von außen gut gelenkt werden kann. Diese Energie ist sehr oft Aggression. Gesteuerte Aggression ist ein willkommenes Ablenkungsmanöver und ein herrliches Instrument für Fremdinteressen.

Vor wem oder was haben Sie gerade Angst? Wollen Sie auch schon etwas zertrümmern oder jemanden eliminieren? Wer hat Sie das Fürchten gelehrt? Worüber reden wir aktuell? Und worüber reden wir nicht mehr? Wer hat da das Thema gewechselt und mit welcher Absicht?

Ängste haben wir alle. Nicht nur die guten, manchmal auch die schlechten. Existenzangst zum Beispiel. Gemeint ist die finanzielle, die Angst um den Job und dass uns das Geld ausgeht. Das hat Platz auch in einem guten und schönen Leben. Sofern diese schlechten Ängste nicht ständig da sind, sondern nur von Zeit zu Zeit auftreten. Werden sie zum Dauerbegleiter, wird es ungut. Ein schönes und gutes Leben mit ständiger Angst gibt es nicht. Höchstens, Sie sind Masochist. Zu viel Angst isst die Seele auf. Und das Selbstvertrauen. Der Lebensmut ist weg. Die Hemmungen sind da. Angst hemmt die Lebensfreude. Das wiederum tötet den Selbstwert und damit die Basis für die Selbstliebe.

Was können Sie da machen? Wenn Sie das Symptom der Angst bei sich feststellen, dann machen Sie einmal ein Kreuz im Kästchen. Ansonsten komme ich noch darauf zurück.

❑ Depressionen

Depressionen sind eine der üblichen Wirkungen der Unterliebe. Doch nicht jede Depression hat ihre Ursachen nur in der Unterliebe. Die meisten von uns kennen die Winterdepression. Da fehlen uns vor allem die Bewegung an der frischen Luft und die Sonne. Was ich damit sagen will? Liebe hilft gegen Depressionen. Sonne und Bewegung auch. Bewegung ist gut für Ihre Selbstliebe. Das sagen nicht nur die Sportwissenschaftler, das wird Ihnen auch jeder gute Therapeut sagen. Ich kann das nur aus eigener Erfahrung bestätigen. Ja, ich habe auch schon Schieflagen in meinem Leben gehabt. Zweimal sogar ziemlich knapp dran an einer echten Depression. Also mehr als ein bisschen Weltschmerz und Selbstmitleid. Ich habe die Gespräche mit meiner Therapeutin sehr genossen. Die haben mir geholfen. Und ich bin intensiver Laufen gegangen und Rad gefahren. Dazu ein bisschen Krafttraining. Das hat hervorragend geholfen. Manchmal bin ich im Wald auch stehen geblieben und habe einen Baum umarmt. Psst. Das bleibt aber unter uns. Das ist ja urpeinlich. Aber schön war es schon. Ich hab mich einmal ganz fest an eine Buche gekuschelt. Die war gar nicht hart. Die war richtig zärtlich zu mir. Wenigstens dieser Baum hat mich geliebt. Zumindest wollte ich das so fühlen. Ein anderes Mal habe ich eine wunderbare alte Eiche umarmt. Die stand ganz allein auf einer Blumenwiese und lud mich mit ihren ausladenden Ästen ein.

Ich hab sie ganz fest umklammert. Nichts. Hart und kalt. Ein frigider Baum, der mir seine Macht beweisen wollte. Das hätte ich dieser Eiche nie zugetraut. Ein paar Glockenblumen haben mich ausgelacht. Das hat wirklich weh getan. Ich hab die Eiche wohl falsch interpretiert. Die hat mich nicht mit ihren ausladenden Ästen ein-, sondern mit ihren einladenden Ästen ausgeladen. Sehen Sie, wenn Sie verrückt genug sind, können Sie auch von einem Baum unterliebt werden. Oder eben auch geliebt. Mein Lieblingsbaum ist übrigens der Olivenbaum. Olivenbäume machen mich glücklich. Da spüre ich, dass mich das Leben liebt. Das ist schon ein verdammt gutes Gefühl. Haben Sie auch einen Lieblingsbaum?

Patrizia, du hast einen Lieblingsbaum. Schön. Es ist die Lerche. Das kann nicht sein, das ist ein Vogel. Meinst du vielleicht die Lärche? Entschuldigung, ich wollte dich nicht belehren und deinen Selbstwert attackieren. Was willst du noch wissen? Wie man Laufen geht? Genauso, wie man Gehen läuft.

Peter, du hältst mich gerade für sehr verschroben? Hast du nicht schon einmal gesagt, du liebst dein neues Smartphone? Wenn du das darfst, dann darf ich wohl auch Bäume lieben, oder? Du hältst dein Kleintelefon viel öfter zärtlich in der Hand als ich Bäume liebevoll umarme. Wer von uns beiden ist wohl der Verschrobenere?

Rainer, sei nicht so streng. Ich weiß, wir sind bei Depressionen. Da geht der Sinn des Lebens verloren. Wenn wir den Sinn schon nicht finden, dann lass uns wenigstens mit

Schwachsinn beginnen. Vielleicht ist das ja ein guter Start. Lachen ist es auf jeden Fall. Du musst ja nicht alles lustig finden, was ich so schreibe. Sie auch nicht. Ich finde ja auch nicht alles so lustig, was Sie aus diesem Buch rauslesen. Für mich ist das aber okay.

❑ **Sucht**

Ein großes Thema. Missbrauch von legalen und illegalen Drogen, Essstörungen, Glücksspiel, Internetabhängigkeit, krankhafter Kaufzwang, Medikamentensucht, Anerkennungssucht. Die Fluchthelfer aus der Unterliebe sind zahlreich. Sie sind mitten unter uns. In der Sucht läuft Ihr eigener Wille Amok. Sie verlieren die Kontrolle über ihn. Damit ist er dann auch nicht mehr Ihr eigener Wille.

Circa jeder fünfte Mitteleuropäer kauft nicht nur ein, um seinen Bedarf zu decken, sondern als Ausgleich für emotionale Probleme wie eben unsere Unterliebe. Das geht bis hin zum pathologischen Kaufzwang. Da geht es bereits um schwere psychische Erkrankungen und Abhängigkeiten. Da ist das Selbst ein verschrumpelter Gartenzwerg.

Kennen Sie Menschen, die alle fünf Minuten ihre E-Mail-Box checken? Die ganz nervös werden, wenn die leer bleibt? Das ist auch eine Art von Abhängigkeit von der Anerkennungssucht.

Patrizia, du hast schon die zweite Flasche geöffnet. Was trinkst du weg? Ist es dein Liebesschmerz? Dass dich dein Prinz verlassen hat oder doch etwas anderes?

Rainer, bist du nach deiner Arbeit süchtig? Ein kleiner Workaholic? Wie viele Stunden arbeitest du in der Woche? Zwischen 60 und 70? Wochenenden sind auch nicht frei. Willst du das wirklich oder hast du da deinen eigenen Willen schon verloren? Wem willst du damit etwas beweisen? Wessen Liebe willst du damit erringen?

Rainer, lass gut sein. Wir fechten das hier nicht aus. Ich will dir ganz besonders an dieser Stelle nicht weh tun.

❑ **Ihre eigenen zusätzlichen Symptome.**

Diagnostizieren Sie sich selber. Welche Symptome der Unterliebe können Sie noch an sich feststellen. Falls Sie selbstblind sind, also betriebsblind im Ich-Betrieb, dann fragen Sie Ihr vertrautes Umfeld. Das sagt Ihnen schon, was Sie haben. Oder was Ihnen fehlt.

Hier ein paar Zeilen für Ihre selbst diagnostizierten Symptome:

❑

❑

❑

❑

❑

Da müssen Sie jetzt überall das Kästchen ankreuzen, sonst haben Sie das Symptom ja gar nicht. Das zählt dann nicht.

Wenn Sie mehr über Symptome der Unterliebe wissen wollen, fragen Sie einen Therapeuten. Die kennen sich da besser aus als ich. Oder Dr. Google. Da kommen Sie aber sicher mit ein paar Psychosen raus, die Sie vor dem Surfen noch gar nicht hatten.

Wertvolle Leserin, brauchbarer Leser. Ich hoffe, Sie mussten möglichst wenig Kästchen ankreuzen.

Jetzt aber zur Konstruktion unseres Selbstwertes.

Jetzt geht es ans Basteln. Wir basteln einen Selbstwert. Ich beginne wieder mit einem Modell. Wir konstruieren unseren Selbstwert auf drei Ebenen.

WAHR(FALSCH)NEHMUNG
⇳
INTERPRETATION
(BEWERTEN/BEURTEILEN)
⇳
VERHALTEN

Diese drei Ebenen beeinflussen sich gegenseitig. Deshalb die Pfeile in beide Richtungen.

Zuerst eine Grobeinführung. Wir beginnen mit unserer Geburt.

Pow! Zuerst hast du deinen eigenen Indoor-Whirlpool, schön geheizt auf knappe 37 Grad mit permanentem Pool-Service. Du musst dich nicht einmal mit irgendjemand anderem um die Liege streiten, außer du bist ein Zwilling. Auf einmal drückt es dich nach draußen in die grelle, kalte Welt. Deine Mutter schreit. Dein Vater filmt, ihm wird übel oder er ist nicht da. Dir verschiebt es die Schädelknochen, dass dir die Optik verrutscht und du verlierst ein paar Milliarden deiner

Gehirnzellen. Ein wildfremder Maskierter zieht an dir und klatscht dich auf Mutterns Brust. Du willst wieder zurück, aber deine Mutter ist dagegen.

Gut. Jetzt bist du also da. Nass, verknittert, glitschig, voller Blut und zuwider. Irgendwie wie ein großer Engerling mit Gliedmaßen oder ein Maulwurf ohne Fell. Aber das ist egal, weil spätestens in ein paar Stunden bist du das schönste Baby der Welt, wenn auch nur für einen beschränkten Personenkreis.

Ein fulminanter Start. Du bist rausgeschmissen worden. Deine erste Freisetzung sozusagen.

Was macht das mit deinem Selbstwert und deiner Selbstliebe? Noch gar nichts, weil wir ja noch gar kein Selbst kennen. Das haben wir bei unserer Geburt noch nicht drauf. Da glauben wir ja, wir sind eins mit Mutti. Erst nach und nach kommen wir durch naturwissenschaftliche Experimente dahinter, dass dem nicht so ist. So beißen wir zum Beispiel Mutti in die Brustwarze und freuen uns, dass jemand anderer »Au!« sagt. Wir lassen Spielzeug fallen und jemand anderer muss es aufheben. Dieses Verhalten versuchen manche von uns, ihr ganzes Leben lang beizubehalten.

Gut. Nach ein paar Monaten haben wir den Anfang unseres Selbst und es könnte mit der Selbstliebe los gehen. Verdammt, wie tut man das als noch nicht einmal Einjähriger? Mit relativ geringer Lebenserfahrung. Du kannst ja auch noch keinen Selbstliebe-Ratgeber lesen. Da bist du angewiesen auf die Reaktionen deines Umfeldes. Das spiegelt dich sozusagen.

Da liegst du ganz selig in deinem Bettchen, schaust das tolle Mobile an und sabberst glücklich vor dich hin. Deine Welt ist in Ordnung und du fühlst dich gut. Auf einmal verdunkelt sich der Himmel über dir und ein altes Frauengesicht nähert sich dir mit den aufmunternden Worten: »Gillie. Gillie. Gillie.« Aus dem Oberlippenbart gezierten Mund entströmt säuerlicher Mundgeruch. Das unbekannte Wesen zwickt dich in die Wangen. Du fängst vor Schreck zu brüllen an, was das Wesen zu den Worten veranlasst: »No was hat denn mein kleines Schatzi? Hast du Bauchiwehweh?« Du hast gerade deine Basiskonditionierung als Ego-Shooter erfahren, ein schweres sprachliches Defizit abbekommen und hegst die ersten Selbstzweifel. Das Wesen spiegelt dich ja wider. Du glaubst ja, du bist auch irgendwie so. Oder wirst einmal so. Grauslich.

Erst später wirst du lernen, dass das Kinderbettmonster deine Großtante Liese ist und du wirst dich deine ganze Kindheit davor fürchten, dass sie auf Besuch kommt. »Na gib der Tante Liese doch zur Begrüßung ein Bussi.« Der Oberlippenbart sticht noch immer. Außerdem sind immer Apfelstrudelkrümel darin. Der Mundgeruch wird mit der Zeit auch nicht besser, dafür die Haut immer fahler. Du hasst deine Mutter für diesen ritualisierten Verrat an dir. Du kannst dich ja nicht wehren. Du fühlst dich macht- und hilflos. Das mindert deinen Selbstwert. Eine schlechte Voraussetzung für die Selbstliebe.

Okay. Zugeben. Das war ein Eugen-Outing. Eines meiner Kindheitstraumata. Bei Ihnen war das wahrscheinlich ganz anders. Nicht jeder hat so eine Tante Liese. Die hat mir übrigens dann noch in meiner Pubertät den Rest gegeben. Sie musste ins Spital. Ich musste sie begleiten. Meine älteren Brüder waren intelligenter als ich und haben sich rechtzeitig verdrückt. Ich war vierzehn. Wir fuhren mit dem Taxi. Ich hab mich ganz an die Türe gedrückt. Am liebsten wäre ich rausgefallen. Tante Liese war gnadenlos unbarmherzig. Sie hat meine imaginäre Abscheubarriere einfach ignoriert und sich an mich gekuschelt. »Jetzt glauben alle, wir sind ein Liebespaar!« Ich hätte sie am liebsten erschossen. Das war einer der schlimmsten Tage in meinem Leben. Zu Hause hab ich mich stundenlang gewaschen. Hab ich schon erwähnt, dass Tante Liese ein wesentlicher Punkt auf meiner Ich-hasse-Mutti-Liste war?

Die Geschichte ist mir jetzt irgendwie einfach aus der Tastatur auf die Seiten geglitten. Offensichtlich hab ich das gebraucht. Danke fürs Zuhören. Oder besser Zulesen. Worum geht es eigentlich?

Ahja. Zuerst entwickeln wir unser Selbst. Was an und für sich schon ein sehr sensibler Prozess ist und auch nicht immer befriedigend gelingt. Manche laufen ja auch noch als Erwachsene betrunken durch die Nacht und lallen: »Wer bin i?« Steigen dann in ihr Auto und treffen im Zuge einer Verkehrskontrolle auf unsere Freunde und Helfer. Die stellen dann die drei schon bekannten Fragen.

Gut. Gehen wir davon aus, dass das Selbst bei Ihnen schon da ist. Daran heften Sie jetzt Ihren Selbstwert. Der wird eben auf den drei Ebenen entweder liebevoll umsorgt oder in die Mangel genommen. Ihr ganzes Leben lang. Täglich. Ein ständiger Kampf für die meisten von uns. Auf jeden Fall für alle Unterliebten.

Die Fragen zu den drei Ebenen lauten:

- Wie nehme ich mich wahr?
- Wie interpretiere ich mich?
- Wie verhalte ich mich?

Das geht noch besser:

- Wie will ich mich wahrnehmen?
- Wie will ich mich interpretieren?
- Wie will ich mich verhalten?
- Wie will ich mich konstruieren, zusammenbasteln? Was will ich aus mir machen?

Gleich, Peter. Lass mich das noch fertig schreiben.

Will ich selbst glücklich sein, dann werde ich versuchen, dieses Selbstbild auf allen drei Ebenen zu stützen und zu stärken. Das ist dann natürlich Labsal für meinen Selbstwert. Da fällt dann die Selbstliebe auch leicht. Ich fühle mich liebenswert und bin erfolgreich und zuversichtlich.

Will ich aus mir ein Opfer basteln, so werde ich mein Selbstbild auf allen drei Ebenen entsprechend konstruieren. Gut ist das für den eigenen Selbstwert und die Selbstliebe nicht.

Will ich mich als wertlosen Dauerverlierer sehen, kann ich das auch auf allen drei Ebenen ständig bestätigen. Da halte ich die Selbstwertvernichtungsmaschine ständig am Laufen.

Da gibt es noch andere, differenziertere Möglichkeiten, mich selbst zu konstruieren. Die entscheidende Frage ist, was will ich? Wohin geht mein eigener Wille?

Haben Sie schon entschieden, was Sie wollen? Oder hatten Sie bisher vor lauter Funktionieren noch keine Zeit, darüber nachzudenken?

Peter, was wolltest du einbringen? Du sagst, es ist doch klar, dass jeder ein gutes Leben führen und einen starken Selbstwert haben will.

Nein, ist es eben nicht. Sonst wären wir wohl glücklicher, liebenswerter, zuversichtlicher. Menschen entscheiden sich eben oft dagegen. Eine der faszinierendsten Erkenntnisse meiner Coachingausbildung war die, dass jeder Mensch in jedem Augenblick den größtmöglichen Nutzen sucht. Wir sind Nutzenoptimierer. Die Bewertung des Nutzens ist das entscheidende.

Alles, was wir tun, hat Sinn und Nutzen und einen Preis. Das ist so etwas wie die psychologische Marktwirtschaft. Wenn du selbstbestimmt und damit eigenverantwortlich die Fülle des Lebens nutzen und genießen willst, liest sich das wunderschön und die meisten von euch zeigen auf: »Ja, genau das will ich!«. Eh klar. Auf diese Weise hast du gute Chancen, immer wieder glücklich zu sein. Das hat nur leider einen verdammt hohen Preis. Da musst du wirklich viel dafür tun. Viel lernen, viel denken, viel tun. Immer wieder deine Komfortzone verlassen und deine Grenzen verschieben. Nicht nur im Konjunktiv vor dich hinraunzen: »Ich sollte...« Du musst deine Möglichkeiten nutzen und sie dir auch ständig schaffen. So ein Leben ist immens belohnend, aber auch extrem anstrengend. Es birgt auch jede Menge Risiken. Eigenverantwortung ist so ziemlich das Schwierigste, das ich in meinem Leben kennengelernt habe. Das bedarf eines ausgeprägten eigenen Willens und einer eigenen Meinung. Das bringt auch Fehlentscheidungen und Selbstzweifel mit sich. Außerdem ist dir der Neid vieler deiner Nächsten gewiss. Das kann sehr unangenehm werden. Das kann bis zur sozialen Ächtung führen.

Das alles können wir vermeiden und uns das Leben leichter machen. Eben dadurch, dass wir die Eigenverantwortung nicht annehmen und das eigene Leben jemand anderem überlassen. Der soll uns dann führen und für uns entscheiden. Eine unlängst durchgeführte Erhebung hat ergeben, dass fast zwei Drittel der Österreicher der Meinung sind, die Ärzte und das Gesundheitswesen sind für ihre Gesundheit zuständig. Nur ein knappes Viertel hat angegeben, dass sie selbst für die eigene Gesundheit zuständig sind. Das ist schon eine fatale, bei vielen sogar letale Haltung. Der Onkel Doktor wird es schon richten. Wozu ist er denn da. Mit den schönen Pharma-Smarties. Wenn es dann doch schief geht, hat die Medizin versagt. Oder es waren doch die falschen Pulver. Nicht man selbst.

Wir sind bei der Opfergeschichte. Wenn ich mich zum Opfer stilisiere, sind ja die anderen schuld an meinem Leben. Aus mir hätte wirklich etwas werden können, wenn nicht...

Wenn wir keinen konkreten Schuldigen ausfindig machen können, dann erfinden wir uns Täter. Letzten Endes können wir uns wunderbar auf unser Unterbewusstsein ausreden. Das steuert uns quasi fremd. Wir können nichts dagegen tun.

Klar sind wir alle immer wieder Opfer. Und? Die Frage ist, wie wir damit umgehen. Wie wir damit umgehen wollen. Ich kann das mir angetane Unrecht als Ausrede nutzen oder ich kann versuchen, etwas dagegen zu unternehmen.

Ja, Claudia, manches, was uns angetan wurde und wird, hinterlässt bleibende Schäden. Dazu kann auch die permanente Unterliebe gehören. Ich bin auch nicht der Meinung, dass jeder alles erreichen kann, was sie oder er will. Das ist für mich eine dieser Psycho- und Motivationsfloskeln. Doch ob ich überhaupt etwas aus meinem Leben machen will und konkret was, ist eine Frage des eigenen Willens. Auch ich habe in meinem Leben immer wieder Phasen, in denen ich mich in die Opferrolle zurückziehe und in Selbstmitleid bade. Gut tut mir das aber nicht. Gut tut mir, wenn ich mich aufraffe und etwas dagegen unternehme.

In jungen Jahren, noch vor dem Euro, bin ich in meiner Euphorie eine falsche geschäftliche Partnerschaft eingegangen. Mit meinem damals besten Freund. Diese Verbindung ist nach drei Jahren zwar außergerichtlich, aber alles andere als friedlich und amikal geschieden worden. Die Details tun nichts zur Sache. Jedenfalls bin ich in diese Partnerschaft mit einem schönen Vermögen und einem hohen Lebensstandard reingegangen. Dann kam der Crash. Die Banken hatten vorsichtshalber alle Konten gesperrt. Bis zur Klärung. Ich konnte über mein noch verbliebenes Geld nicht mehr verfügen. Zum Glück hatten wir aus diversen Reisen und Urlauben noch Fremdgeld zu Hause herumliegen. Das habe ich gewechselt. In Summe 348. Schilling, nicht Euro. 348 Schilling und vier Kinder und eine Frau. Ich bin damals vor der Supermarkttheke gestanden und hatte ein völliges Blackout. Fünf Deka Wurst für eine sechsköpfige Familie. Klar war ich Opfer. Klar hat mich das Selbstmitleid voll gepackt. Klar hat mich die Hoffnungslosigkeit und die Bürde der Verantwortung an die eigene Freisetzung, also das Töten des Selbsts, denken lassen. Weder meine Frau noch ich wissen heute noch genau, wie wir es geschafft haben. Jedenfalls habe ich mich in den Tun-

Modus begeben. Ich wollte irgendwann wieder einmal glücklich sein. Mein Wille geschehe. Es gab da auch liebevolle Menschen, die mir geholfen haben. Und die anderen. Was ich aus dieser Geschichte gelernt habe? Wurst ist eh nicht so gesund.

Bleiben wir noch beim großen Opfersein. Der Nutzen dieser Lebensstrategie ist klar, nehme ich an. Ich habe vorher geschrieben, Opfer sein ist nicht gut für den eigenen Selbstwert und die Selbstliebe. Das war ein Fangsatz. Es kam auch kein Widerstand von euch. Ihr habt einfach drübergelesen und den Satz abgenickt. Ich schreibe ihn noch einmal. Opfer sein ist nicht gut für den eigenen Selbstwert und die Selbstliebe.

Ist das wirklich so? Immer?

Peter, du sagst: »Na sicher.« Leider hast du da nicht Recht. Ich hab dir und Rainer vorher diese Formel angeboten:

$$SW = A_s + A_f$$

Du kannst dich erinnern.

Selbstwert = Selbstanerkennung + Fremdanerkennung

Ein großer Vorteil dieses Opferseins ist die damit verbundene Fremdanerkennung. Die bekommen Opfer im Regelfall nämlich sehr leicht. Sich für etwas aufopfern ist in unserer Gesellschaft äußerst angesehen. Man opfert sich für die Kinder auf, für die Eltern, für die Firma, für das Allgemeinwohl. Rudi wüsste wahrscheinlich, wovon ich rede. Der ist aber noch bei seinem Umarmungsexperiment. Ich kenne Menschen, die nach zwei Herzinfarkten und einem Burnout noch immer voller Stolz ihre 50, 60 Stunden Arbeitsdienst durchziehen. Was dich nicht umbringt, macht dich härter. Helden der Arbeit. Das ist modernes Märtyrertum. Rainer, pass bitte auf dich auf. Wir haben durch die Jahrhunderte gelernt, dass jene, denen es besonders weh tut, eben die Märtyrer, etwas Besseres sind. Die bekommen ja auch im Jenseits den Ehrenplatz an der Tafel des großen Kapitäns, den wir in unserem Kulturkreis Gott nennen. Märtyrersein ist ja so etwas wie der VIP-Backstage-Pass im großen Himmelstheater. Genderkorrekt muss das GottIn heißen. Gott schaut übrigens sehr gut aus. Für ihr Alter.

Über die Jahrhunderte haben wir zu diesen Märtyrern sogar gebetet. Wir haben sie angebetet. Manche tun es heute noch. Wir bewundern Menschen, die mit siedendem Öl übergossen, auf dem Rost gebraten, mit Pfeilen gespickt oder geköpft wurden. Der heiligen Agatha haben sie die Brüste abgeschnitten. Die trägt sie auf Gemälden in einer Schüssel vor sich her. Der heilige Laurentius soll übrigens auf dem Rost gesagt haben: »Dreht mich auf die andere Seit', den auf dieser bin ich schon so weit.« Ein Heiliger mit Selbstironie. Das gefällt mir. Ich wünschte, meine Steaks würden auch so mitdenken, wenn ich sie brate.

Menschen, die sich opfern, sind Helden. Die bekommen viel Schulterklopfen. Sich für andere aufopfern. Wollt ihr das? Wollen Sie das? Kann man sich nicht einen anderen Lebensinhalt suchen? Es ist Ihr Wille. Ihr Wille geschehe.

Patrizia, du willst dazu etwas beitragen. Wir bitten darum. Deine Mutter erzählt dir mindestens zweimal wöchentlich, dass sie sich für dich aufgeopfert hat. Sie hat auf alles verzichtet, nur damit es dir gut geht. Und du bist jetzt so undankbar und kümmerst dich zu wenig um sie. Wie kannst du nur so egoistisch sein! Dabei rufst du mindestens einmal täglich bei ihr an und besuchst sie fast jeden Sonntag. Dich zieht das total runter. Du hast ein permanent schlechtes Gewissen.

Ja, Patrizia, glaub mir, das Schicksal teilst du mit gar nicht so wenigen. Die eigene Mutter als Stalkerin. Väter sind seltener so. Die rufen oft gar nicht an. Da haben wir Kinder die Meldepflicht. Report an den väterlichen Sonnenkönig, sozusagen. Hat deine Mutter noch einen anderen Lebensinhalt außer dich für ihr großes Opfer verantwortlich zu machen?

Wenn das große Aufopfern nicht den gewünschten Heldenstatus erbringt, so doch eine andere Form der Fremdanerkennung. Mitleid. Wir sind eine Gesellschaft, in der Leid und Mitleid einen extrem hohen Stellenwert haben. Ich hab das nie verstanden. Zuerst leidet einer, dann leidet jemand mit. Somit leiden zwei. Wo ist da der Sinn? Mitleid ist nicht geteiltes Leid. Mitleid ist verdoppeltes Leid.

Auf der anderen Seite tun wir uns mit dem Mitfreuen viel schwerer. Da sind wir lieber neidig und eifersüchtig.

Ich spiele gerne mit der Sprache. Sprache schafft Wirklichkeit. Das hat schon Paul Watzlawick gesagt.

Engländer fragen: »How are you?«. Wie bist du?

Wir fragen: »Wie geht es dir?«

Wer von euch kann mir sagen, wer dieses *es* ist, das da mit uns geht? Wir werden vom *es* gegangen. Das ist doch auch eine Passivkonstruktion, oder? Da sind wir schon wieder irgendeinem *es* ausgeliefert. Opfer der großen Es-Attacke.

Mein Sohn Rafael hat so bis zum vierten Lebensjahr gesagt: »Mir schwitzt.« Also nicht er schwitzt, sondern irgendetwas schwitzt ihm. Ein Opfer der großen Schweißattacke sozusagen. Den Zusammenhang zwischen subjektivem Temperaturempfinden und getragener Kleidung entdeckte er erst viel später. Ich bin mir auch nicht ganz sicher, ob er das heute mit 29 Jahren schon voll durchschaut hat.

Wenn schon Opfer, dann müsste es doch richtigerweise heißen: mir ist arbeitslos, mir ist übergewichtig, mir ist ungebildet, mir ist fad. Okay. Letzteres ist ja sogar korrektes Deutsch. Aber ein Unterschied ist schon, ob mir fad ist oder ich fad bin.

»Mir tut der Rücken weh.« Ist schon eine arge Illoyalität von diesem bösen Rücken, oder? Meistens ist es ja die Wirbelsäule. Die hängt da ihr ganzes Leben in uns herum, hat keine Wohnungssorgen, muss nicht arbeiten gehen, wird von uns durchgefüttert und diese böse Sozialschmarotzerin ist dann auch noch so undankbar und tut uns weh. Sie tut uns weh, nicht wir ihr. Eigentlich sollten wir sie freisetzen. Und vielleicht durch eine billigere und dankbare Wirbelsäule ersetzen. Eine importierte.

Opfer der Umstände. Da schreib ich jetzt nichts mehr. Das ist mir nur noch so eingefallen.

$$SW = A_s + A_f$$

Die Fremdanerkennung in Form von Heldenverehrung oder Mitleid kann so groß sein, dass wir dadurch einen hohen Selbstwert haben. Da ist die – begründete – Selbstanerkennung dann nebensächlich. Besser gesagt. Für manche und manchen reicht es, Opfer zu sein. Peter, es ist so. Tut mir leid. Es kommt wirklich darauf an, wofür wir uns selbst entscheiden. Was wir sein wollen. Anerkannt wollen wir alle sein. Wir entscheiden aber, welchen Weg wir gehen. Eher den über die Selbstanerkennung oder ganz intensiv über die Fremdanerkennung.

Sollten Sie, wertgeliebter Leser, liebesgeschätzte Leserin, dieses Opfersein aus den obgenannten Gründen und Vorteilen vorziehen und genießen, dann sollten wir uns hier trennen. Ich wünsche Ihnen weiterhin ein Leben voll der Schmerzen, der Erniedrigungen und der Ungerechtigkeiten. Damit sie auch in Zukunft gut leiden können. Unsere Gesellschaft braucht jede Menge Opfer. Auf der anderen Seite können Sie sich auch durch die restlichen Seiten quälen. Es wird genug Möglichkeiten geben, über die Sie sich echauffieren können. Nehmen Sie sich einfach nur die Stellen, die Ihnen weh tun.

Ich schreibe nun mal für Menschen, die aus dem großen Zeitalter des Mit-Leidens in das neue Zeitalter der Mit-Freude wechseln wollen. Dort hat der Opferstatus eine viel geringere Bedeutung. Dort wird weniger über die eigenen Leiden und Schmerzen geredet, dafür mehr über Ideen, die Schönheit des

Lebens und die Liebe. Dort wird auch mehr gelacht, getanzt und gesungen.

Da fällt mir noch ein kurioses Erlebnis ein. Das zeigt meiner Meinung nach herrlich, wie leidensfixiert wir in unserer Gesellschaft sind.

Ich bin letztes Jahr Großvater und Vollwaise binnen drei Wochen geworden. Für die, die sich jetzt gerade nicht auskennen. Paul ist im August auf die Welt gekommen, mein Vater hat sie im September verlassen. Klassischer Schichtwechsel sozusagen. Meine Mutter ist schon 2010 gestorben. Also bin ich jetzt Vollwaise. Wenn ich das im Kombipack erzählt habe – »Was gibt's Neues bei dir?« »Du, ich bin Großvater geworden und mein Vater ist gestorben.« –, dann haben wirklich alle geantwortet: »Oh. Mein Beileid.« Ich hab dann drauf gesagt: »Wieso? Ich bin gern Großvater. Ich finde das urleiwand.« Das hat ganz schöne Irritation ausgelöst. Manche waren wirklich irgendwie böse auf mich.

Die Welt der Mit-Freude ist aber eben nur meine gesellschaftliche Wunschvorstellung. Das ist kein biologischer Sachzwang. Wir können den Weg der Liebe gehen, wir müssen aber nicht. Ich kann und will niemanden zur Liebe zwingen. Auch nicht zur Selbstliebe.

Claudia? Ah danke. Hab ich vergessen. Die Dauerverlierer. Der Vorteil von Dauerverlierern ist der, dass ihnen niemand etwas zutraut. So kann man sich vor Aufgaben und Arbeiten schützen. Wenn man für alles zu dumm ist, steht einem Leben des Müßiggangs nichts mehr im Wege. Wenn ich dann noch jemanden mit einem ausgeprägten Beschützerinstinkt oder Helfersyndrom finde, der sich darum kümmert, dass meine Bedürfnisse gedeckt werden, geht es mir doch gar nicht so schlecht. Das ist eine sehr effiziente Lebensstrategie. Für den Selbstwert und die Selbstliebe auf Dauer allerdings eher suboptimal. Aber ein sehr gemütliches Leben.

Konsequente Dauerverlierer gibt es eher selten. Vielleicht, weil sich die meisten von uns mit dem Müßiggang schwer tun. Aber kleine taktische Manöver aus dieser Ecke können wir täglich beobachten. »Ich kann das nicht. Bist du so nett, und machst mir das?« Da brauchst du nur einen, der nicht nein sagen kann. Schon hast du dir eine Menge Zeit erspart. In meiner Arbeit sehe ich immer wieder, wie schlaue Arbeitnehmer ihre unterliebten Führungskräfte austricksen. »Liebe Chefin, lieber Chef. Sind Sie so lieb und können Sie mir helfen. Sie können das so gut.« Die unterliebte Führungskraft bekommt endlich das, worauf sie so wartet. Anerkennung. Liebe. Es wird ihr gerade bestätigt, dass sie lieb ist und etwas gut kann. Und schon wandert die Arbeit zurück vom Mitarbeiter auf den Tisch der Führungskraft. Ich nenne das Rückdelegieren. Da sitzen dann Chefinnen und Chefs bis spät abends noch im Büro und fragen sich, wie sie ihre To-Do-Listen bewältigen sollen. Der Mitarbeiter ist da schon längst zu Hause.

Rainer, da bin ich bei dir. Es werden nicht immer nur die Mitarbeiter geknechtet. Das geht auch in die andere Richtung. Das ist ein schönes Beispiel, wie man den fehlenden Selbstwert anderer instrumentalisieren und ausnutzen kann.

Patrizia, du bekommst gerade eine SMS. Die dürfte nicht von deiner Mutter sein, die dich schon wieder ermahnt, sie anzurufen. Das muss eine schöne SMS sein, so wie du lächelst. Heh, du springst auf. Du verlässt uns. Und weg ist sie. Zuerst der Rudi, jetzt die Patrizia. Ich verliere meine virtuellen Leser. Das macht mich stutzig.

Liebe anonyme Leserin, lieber anonymer Leser. Sind Sie noch da? Ja? Schön.

Peter, dein Kommentar? Dir hat die Geschichte mit der Tante Liese gefallen. Du hattest einen Großonkel. Den musstest du regelmäßig besuchen. Damit es dem Onkel gut geht. Du musstest ihm Geschichten vorlesen und hast dich vor dem Alten gefürchtet. Du hast das mit dem Opfer sein und dem Leiden so noch nie bedacht und willst noch mehr dazu hören. Sind wir wirklich Masochisten oder einfach nur dumm? Wo kommt dieses Leiden her?

Ui. Da hast du eines meiner Lieblingsthemen erwischt. Darüber schreibe ich gerne ein eigenes Kapitel.

Dieses Thema liegt mir sehr am Herzen. Es interessiert mich als Historiker und Kunsthistoriker. Es bringt brauchbare Antworten auf unsere Fragen:

»Wer hat uns so gemacht?«

»Wer braucht solche Menschen?«

»Wer hat einen Nutzen davon?«

Wir werden in diesem Kapitel eine jener Mächte kennenlernen, die uns geformt haben. Nein, keine dunkle Macht. Eine Großmacht. Allerdings hat jede Macht auch ihre Schattenseiten. Es geht um die Kirche. Konkret um unsere christliche Kirche. Es geht darum, warum wir Leiden so gut gelernt haben, wieso wir uns so daran gewöhnt haben. Ich schreibe aber nicht nur über die Kirche. Doch sie ist wesentlich für unser Weltbild.

Wir leben in einer christlichen Kultur. Wir alle. Unabhängig davon, ob wir glauben oder nicht, in die Kirche gehen oder nicht. In der christlichen Kultur hat die Passio, das Leiden und vor Allem auch die Com-Passio, das Mit-Leiden einen extrem hohen Stellenwert. Wie gesagt: Leiden ist sozial wertvoll.

Ich entführe Sie jetzt ein paar Seiten in die Kirchengeschichte. Es geht mir wirklich nicht um den Glauben, sondern um Marketing. Das Marketing der Kirche hat uns ja immerhin über 2.000 Jahre geprägt. Da sollten wir uns doch ein paar Minuten damit auseinandersetzen. Sie sehen schon, ich habe hier wieder ein bisschen Angst vor Ihnen. Ich möchte nicht, dass Sie mir die Haut warm abtragen wollen. Das wäre mir bis ins 17. Jahrhundert mit den folgenden Zeilen mit ziemlicher Sicherheit passiert: Scheiterhaufen war ein sehr gängiges Argument. Da hat die Holzindustrie ganz gut gelebt davon. Da wir aktuell unsere christlichen Werte gegen andere Mächte verteidigen, brennen ja auch schon wieder Häuser. Zuerst die Häuser, dann die Menschen. Kennen Sie die christlichen Werte? Ich frage deshalb, weil viele Verteidiger unseres Glaubens keine Ahnung haben, welche das sind. Unsere christlichen Werte. Ein heikles Thema und ich bin feig. Deshalb noch ein paar schwammige Demutszeilen:

Also noch einmal: Ich rede hier nicht über den Glauben an sich und vieles in der Kirche war und ist großartig. Zum Beispiel die Arbeit der Caritas. Caritas wäre schon einmal einer der christlichen Werte. Caritas heißt Nächstenliebe, Wohltätigkeit, Barmherzigkeit. In Wien gibt es fast 9.000 freiwillige Mitarbeiter der Caritas und ich bin froh, einer davon sein zu dürfen. Es gibt mir die Möglichkeit, der Gesellschaft ein bisschen etwas von dem zurückgeben zu können, das ich von ihr in meinem bisherigen Leben im Überfluss bekommen habe. Ich verbringe Zeit mit Demenzkranken. Dazu hat mich die Caritas aufgrund meiner Berufserfahrung eingeteilt. *Demens, de mentis* heißt in etwa *frei von Geist.* Ein wenig *wirr.* Dass ich aufgrund meiner Berufserfahrung als Wirtschaftstrainer und –coach aus der Sicht der Caritas besonders gut geeignet bin, Demenzkranke zu begleiten, finde ich irgendwie bemerkenswert.

Beginnen wir mit der Kirchengeschichte. Kirchenkunstgeschichte. So gut wie jede Kunst ist Marketing, Propaganda. Da wird eine Geschichte erzählt, die uns zu einem Verhalten führen soll. Meistens sollen wir irgendjemanden anbeten, verherrlichen, glorifizieren und ihm dann auch folgen. Wo immer er uns auch hinführt. Bei der Kirche ist es definitiv so.

Am Anfang war das Christentum ja keine Luxusmarke. Am Anfang war das Christentum eher eine Diskontmarke, etwas für die Armen, Unterdrückten.

Die USP der christlichen Kirche, ihre *unique selling propositon*, ihr Alleinstellungsmerkmal, heißt ja: ewiges Heil, ewiges Leben. Auf den Punkt gebracht: hier im Diesseits unlustig – danach im Jenseits sehr lustig. Dazwischen die Auferstehung. Das tröstet schon irgendwie. So eine Aussicht macht ja auch aus einem Wutbürger dann einen Gutbürger. Manche Menschen verwechseln das Jenseits mit der Pension. Vorher unlustig, in der Pension dann lustig. Vielleicht fällt deshalb bei manchem die Pension und das Jenseits dann wirklich zusammen. Hütet euch vor Falschinterpretationen.

Dieses Alleinstellungsmerkmal musste erst einmal bewiesen werden. Wir Menschen sind ja nicht naiv und dumm und glauben alles einfach so. Oder? Im Prinzip geht es darum, dass man zuerst irgendwie tot ist und dann wieder lebendig gemacht wird, eben wieder aufersteht. In der Anfangsphase hat sich das Christentum in seiner Markenführung deshalb einerseits auf die Beweise konzentriert, dass dieser Jesus wirklich etwas drauf hat und ein echter Guru ist. Er kann Tote zum

Leben erwecken. Wie den Lazarus und den Jüngling zu Nain. Zumindest war er ein hervorragender Primararzt und hat jede Menge Wunderheilungen durchgeführt. Die Heilung des Blinden, die Heilung des Gelähmten, die Heilung der Frau mit Blutfluss, die Heilung des Aussätzigen.

Um diese Wiederbelebungs- und Schutz-vor-dem-Tod-Geschichte noch zu unterstützen, hat man zusätzlich auf bekannte Geschichten aus dem Alten Testament zurückgegriffen. Moby Dick frisst Jonas, spuckt ihn aber nach drei Tagen aus. Wahrscheinlich hat der Wal irgendeine Form der Kolik gehabt. Jedenfalls ist Jonas die alttestamentarische Parallele zu Jesus. Zuerst quasi tot, nach drei Tagen wieder voll okay. Oder Daniel in der Löwengrube. Eine klassische 1er-Bank im Toto: Der kommt sicher nicht lebend raus. Aber – gegen alle Wettquoten – da ist er wieder, unser Daniel. Gesund wie nach einem Fitness-Check. Die drei Jünglinge im Feuerofen. Das ist eine ganz bezaubernde Bibelstelle. Nebukadnezar lässt sie in den großen Ofen werfen und auf die siebenfache Temperatur hochfahren. Auf einmal hört er drinnen die drei munter herumlaufen. Sie kommen unversehrt aus dem Feuer. Schon wieder so ein Wunder.

Zusätzlich zu diesen Tot-Lebendig-Geschichten und den Heilungen kommt noch etwas, das jenen Menschen, die nichts hatten und oft hungerten, natürlich auch wichtig war: die Geschenk- und Lebensmittelwunder. Jesus als wandelnder SOMA, als fliegender Sozialmarkt. Brotvermehrung, wundersamer Fischfang, Wasser in Wein. Solche Aktionen beeindrucken die Armen und Bedürftigen zu allen Zeiten. Diese ganzen Aktionsangebote der ersten Welle wurden wunderschön dargestellt auf den frühchristlichen Sarkophagen. Das können Sie zum Beispiel in den Vatikanischen Museen in Rom sehen.

Springen wir jetzt ein paar Jahrhunderte weiter, in die Romanik. Die USP war schon gelernt und man glaubte einfach, dass das mit dem Leben nach dem Tod funktioniert. Die Geschichte war bereits im wahrsten Sinn des Wortes gekauft. Wir haben in der Romanik den Typus des Vier-Nagel-Kreuzes. Nein, das ist jetzt keine Prehsler'sche Blasphemie. Prehsler mit H S, bitte nicht vergessen. Das Vier-Nagel-Kreuz ist eine kunstgeschichtliche Bezeichnung. Jesus wird als lebender Herrscher der Welt, als Christus triumphans, dargestellt. Manchmal richtig bedrohlich. Ich kenn Beispiele, da schaut er fast aus wie ein Schwarzenegger, der gleich vom Kreuz runtersteigt und uns zur Strafe verprügelt. Muskel gestählt, den Blick gerade aus, straffe und stramme Haltung. Dazu brauchte er aber einen festen Stand und deshalb wird er mit den Füßen nebeneinander dargestellt und in jeden Fuß ein Nagel gesetzt. Das sind zwei in den Füßen plus zwei durch die Hände sind dann in Summe vier. Die Führungsarbeit der Kirche ging hier den Weg der Angst, der Bedrohung, des schlechten Gewissens, der Disziplinierung: »Benehmt euch, sonst kracht's! Wer aufmuckt, kann sich gleich zum Küchendienst in der Hölle melden.« Was gut und was böse ist, wurde klar vorgegeben. Das hat einige Jahrhunderte ganz gute Einschaltquoten gesichert.

Doch dann, in der Gotik, kippt die Marke. Die Gotik wird zum Marienzeitalter. Viele Kirchen wurden ihr geweiht. Deshalb heißen viele Kirchen Liebfrauenkirche wie in München oder in Frankreich Notre Dame. Davon gibt es viele hunderte, also nicht nur die in Paris. Maria war auf einmal unsere liebe Frau. Was war da passiert? Da sind Dinge passiert, die an Gott und am Leben echt zweifeln ließen: Passio, Leid, in nie gekannter Dichte und Intensität war auf einmal da. Die Menschen waren einiges gewohnt, aber jetzt schepperte es an allen Ecken und Enden. Krieg, Hunger und dann vor Allem diese verdammte Pest. Ihr müsst euch das vorstellen: Eine Stadt mit sagen wir 3.000 Einwohnern. Da wird gelacht, geschäkert, Geschäfte werden gemacht, man trifft sich in der Badestube, am Abend gehen alle schlafen, in der Früh stehen sie wieder auf. Man lebt. Und auf einmal. Auf einmal fällt jemand mitten auf dem Marktplatz um. Man sieht die Pestpeule auf dem Arm. Panik bricht aus. Keine acht Wochen später leben von den 3.000 Einwohnern nur mehr 1.600. Der schwarze Tod hat Europa völlig verändert. Ich kann mir das gar nicht vorstellen. Die Kirche kam in Zugzwang. Es gab viele, die die Pest als Strafe Gottes empfanden. Die hätte man auch weiter mit Angst führen können. Die haben sich auch selbst noch zusätzlich gegeißelt. *Mea culpa* – meine Schuld. Also muss ich mich bestrafen. Noch mehr fingen zu lästern an, höhnten diesem Gotte, der so viel Unbill auf dieser Welt zuließ. Gingen in Opposition zur Kirche. Die sich übrigens nicht nach den eigenen Regeln verhielt und alles andere als arm und demütig lebte. Die Amtskirche in Rom verlor Marktanteile. Zuerst hat Rom versucht, durch Gewalt die Ketzer und Abtrünnigen zu bekehren oder auszumerzen. Da gab es unter anderem den Albigenserkreuzzug, benannt nach der Stadt Albi in Südfrankreich. Eine der Hochburgen der abtrünnigen Sekte der Albigenser, auch Katharer genannt. Die hatten nebenbei viel Einfluss und auch viel Besitz. Rom und der aufstrebende französische König bildeten eine Allianz. Sie brannten ein paar Städte und Burgen nieder, erschlugen oder verbrannten Tausende der Abtrünnigen und verteilten nach dem gottgefälligen Ausgang dieses Kreuzzuges die Beute unter sich. *Du sollst nicht töten.* Außer, du hast etwas davon.

Der Versuch, die Unzufriedenen ruhig zu stellen, möglichst für immer, scheiterte. Der Unwillen im Volk war schon zu groß. Man brauchte also ein neues Leitbild, eine neue Firmenkultur, eine neue Art, die Botschaft zu transportieren und die Leute bei der Stange zu halten. Druck machen, Angst verbreiten und Abtrünnige durch Tod freisetzen funktionierte nicht mehr wirklich. Alsdann: Was macht man in einer solchen Situation? Richtig, man ruft eine Projektgruppe zum Thema »Neues Leitbild und begleitende Marketingmaßnahmen« ins Leben. Das taten die in Rom auch. So etwas hieß damals Konzil. Da sind die Kardinäle zusammengekommen, Flügelkämpfe, Intrigen, am Abend hat man sich den irdischen Freuden gewidmet – eh wie auch heute noch. Man baute die Keymessage jetzt um die Begriffe Leid, Mitleid und Barmherzigkeit. Das war ja der große Trend. So wie heute Bio und

Nachhaltigkeit. Dann hat einer der Kardinäle gesagt: »Pah, wir brauchen ein Testimonial.« Darauf hat ein anderer spontan gesagt: »Was ist mit George Clooney! Wow. Stellt euch das mal vor. George Clooney lächelt charmant von den Fresken, er trägt auf seinem Rücken locker ein Kreuz und darunter steht: *Jesus, who else?*« Wahrscheinlich haben die so wie bei jedem guten Kreativworkshop Gruppenarbeiten gemacht. Zur Frage: »Wer kann besonders gut leiden?« Eine der Arbeitsgruppen hat als Ergebnis eingebracht *die Frauen*. Genau. Das war es! Wer käme da in Frage. »Was ist mit der heiligen Agatha? Mit ihren abgeschnitten Brüsten hätten wir wenigstens ein bisschen Sex in der Werbung.« Der Vorschlag wurde aber doch mit knapper Mehrheit abgelehnt. Stellt euch vor, das wäre damals durchgegangen! Schließlich hatte aber doch einer den rettenden Einfall: Warum nicht die Mutti nehmen? Muttis opfern sich ja ständig freiwillig auf. Sie sind der Inbegriff des guten Opfers. Das ist ja auch ihre Bestimmung. Steht ja in der Bibel. »Und zur Frau sprach er: Ich will dir viel Mühsal schaffen, wenn du schwanger wirst; unter Mühen sollst du Kinder gebären. Und dein Verlangen soll nach deinem Mann sein, aber er soll dein Herr sein.« Göttlicher Wille. Das ist aus der gar nicht einvernehmlichen Kündigung von Adam und Eva. Damals, als sie aus dem Paradies freigesetzt wurden. Peter, komm jetzt nicht auf dumme Gedanken. Ich habe das schon probiert. Ich bin mit der Bibel zu meiner Frau gegangen und hab ihr diese Stelle vorgelesen. Nur den Teil mit dem Verlangen nach mir. Ist nicht wirklich so gut angekommen.

Wir Männer haben übrigens damals auch unser Fett abbekommen. »Und zum Mann sprach er: Weil du gehorcht hast der Stimme deiner Frau und gegessen von dem Baum, von dem ich dir gebot und sprach: Du sollst nicht davon essen – verflucht sei der Acker um deinetwillen! Mit Mühsal sollst du dich von ihm nähren dein Leben lang. Im Schweiße deines Angesichts sollst du dein Brot essen, bis du wieder zu Erde werdest, davon du genommen bist. Denn du bist Erde und sollst zu Erde werden.«

Darum ist Biolandwirtschaft wohl so mühsam. Stellt sich die Frage, ob die arbeitsintensive, industrielle Landwirtschaft im Sinne der göttlichen Strafe ist. Lassen wir das.

Also her mit der Maria. Die hätte ja bis zur Gotik wohl maximal den Oscar für die beste Nebendarstellerin bekommen. Früher gab es noch keinen Oscar für die beste weibliche Hauptdarstellerin. Jetzt, wo die Männer am Ende mit ihrem Latein waren, durften die Frauen die Kohlen aus dem Feuer holen. Die haben damals übrigens wirklich noch Latein gekonnt. Um es jetzt aber abzukürzen: Auch Jesus wurde neu positioniert. Als Leidender, der nicht mehr herrschte, sondern empathisches Mitleiden, die Com-Passio, provozieren sollte. Die Hauptbotschaft war nicht mehr: »Beim Jüngsten Gericht gibt's ordentlich Stoff!«, sondern »Sehet diesen armen Jesus, der durch sein Leiden, durch seinen Kreuzestod, durch seine Schmerzen hinwegnimmt die Sünden der Welt. Der auch für dich gelitten hat. Leide mit! Sei dankbar und barmherzig. LEIDE MIT!« Dazu musste man ihn aber auch leidend darstellen, oft schon tot. Der Körper sackt zusammen, die Muskeln sind erschlafft, das gequälte, geschundene Haupt sinkt im Todeskampf oder eben schon tot auf die Schulter. Jesus steht nicht mehr am Kreuz, sondern hängt, im Loslassen des Todes. Dieser Effekt des Leidens wurde noch dadurch verstärkt, dass man jetzt auf den Drei-Nagel-Typus überging. Die Füße wurden übereinander angeordnet und mit nur einem Nagel fixiert. Sie können das Ausprobieren: Füße nebeneinander ist noch kräftiger Stand, Füße übereinander ist eine ziemlich wackelige Angelegenheit, hilfloses Ausgeliefertsein. Wenn Sie umfallen sollten, tun sie das eigenverantwortlich. Nicht als Opfer dieses Buches oder von mir.

Dieses Große Leiden wurde über Jahrhunderte so erfolgreich erzählt, dass Leiden bei uns diesen enorm hohen Stellenwert bekommen hat. Und Mit-Leid. Es gibt Hunderttausende Bilder, Statuen, Musikstücke, die das Leiden darstellen. Kunstwerke, auf denen es Menschen gut geht und die lächeln und eine Freude haben, sind dagegen noch immer eher in der Minderheit.

Wir haben das Leiden also wirklich gut gelernt. In seiner erhabensten Form als Martyrium. Das hatten wir oben schon. Rainer, du willst etwas beitragen? In Rom gibt es eine Kirche, Santo Stefano Rotondo. Ein wunderschöner runder Zentralbau. Da wurde im 16. Jahrhundert ein Freskenzyklus hineingemalt. 32 Szenen mit Märtyrern. Die werden auf alle erdenklichen Arten grausamst zu Tode gefoltert. Die Römer haben gerne die schlimmen Kinder dorthin gebracht. Damit sie sich fürchten und wieder brav werden. Wow, Rainer! Ich bin beeindruckt. Ich hätte ehrlicherweise nicht erwartet, dass du dich für Kunst und Geschichte interessierst. Da bin ich wohl einem meiner Vorurteile aufgesessen. Ich kenne diese Kirche. Eine Foltermethode hat damals noch gefehlt. Waterboarding. Die haben das noch mit siedendem Öl gemacht.

Du willst noch etwas kritisieren, Rainer? Die Geschichte hab ich aber schon sehr vereinfacht dargestellt? Ja, hab ich. Ich bin hier weder in einem Geschichte- noch Kunstgeschichte-Rigorosum. Ich will nur einen Erklärungsansatz liefern, warum wir in unserer christlichen Kultur so große Leider sind. Das hat mit unserem Leitbild zu tun. Die mit dem dicken Mann als Leitfigur, der gemütlich in der Gegend herumsitzt, sind schon anders drauf. Buddhisten ticken anders. Stell dir vor, Rainer, unsere Kirche hätte sich nicht Jesus am Kreuz als Logo ausgesucht, sondern zum Beispiel »Jesus sitzt müßig am See Genezareth und streckt die Zehen ins warme Wasser.« Wir hätten das millionenfach gesehen und gelernt. Ich glaube schon, dass uns das anders geprägt hätte. Müßiggang hätte wohl einen ganz anderen Stellenwert bekommen. Calvin hätte mit seiner Leistungshysterie schwere kommunikative Probleme gehabt. Oder ganz arg. Wir hätten statt des leidenden Sohnes die Mutter genommen. Maria nicht als trauernde Mutter, sondern als freudig Gebärende. Das wäre noch einmal eine ganz andere Geschichte geworden.

Ich möchte mich auch noch einmal wichtigmachen. Ich brauche das gerade für meinen Selbstwert. Auch wenn wir langsam zusammenwachsen, so möchte ich die Rivalität zu dir, Rainer, nicht missen. Außerdem möchte ich die gebildeten Leser und Leserinnen nicht an dich verlieren.

Kreuzigen war im Römischen Reich eine der üblichen Todesstrafen für Hochverrat. Hätten sie Jesus ertränkt statt gekreuzigt, wäre in jeder Kirche statt des Kreuzes ein Aquarium. Manche von uns würden dann auch statt eines kleinen Kreuzes einen kleinen Wasserbehälter an ihrem Ketterl tragen. Vielleicht mit einem Goldfisch von *Louis Vuitton* oder *Gucci*.

Wer Lust hat, kann ja raus gehen in die Kirchen und sich das Große Leiden selbst vor Ort anschauen. Das hat uns geprägt. Vielleicht schauen Sie ja diese ganzen Schinken jetzt anders an. Vielleicht nehmen Sie sie jetzt anders war. Interpretieren sie neu. Das könnte sogar Ihr Verhalten ändern. Wahrnehmung – Interpretation – Verhalten.

Sprache ist schon spannend. Sie schafft Wirklichkeit. Kennen Sie den Satz: »Ich kann den nicht leiden!« Geht auch positiv: »Ich kann sie gut leiden.« Wie kommt da das *leiden* rein? Können Sie sich selbst leiden? Wenn ja, sollten Sie vielleicht damit aufhören und sich stattdessen gern haben, lieben oder genießen. Sich selbst leiden? Wenn wir so darüber nachdenken, fühlt sich das doch eigenartig an. Ich kann meine Frau gut leiden. Das geht doch gar nicht, oder?

Leidenschaft ist auch ein ganz starkes, emotionales Wort. Leidenschaft schafft Leiden. Oder was? Ich habe eine große Leidenschaft für die Malerei des 13. Jahrhunderts. Ehrlich, so viel leide ich darunter gar nicht. Mir macht das Freude. Es inspiriert mich. Jemand hat eine große Leidenschaft für schnelle Sportwagen. Möglicherweise hier wirklich. Wenn er mit 180 Kilometern pro Stunde gegen einen Brückenpfeiler kracht. Das schafft schon Leiden. Tut es nicht auch Begeisterung oder Freude? Sind das nicht bessere Worte als Leidenschaft?

Rainer, du schon wieder? Ja klar ist das Wortklauberei. Ich bin nur der Meinung, dass das Sinn macht und uns hilft, dem Geheimnis der Großen Unterliebe auf die Spur zu kommen.

Kann es sein, dass wir überleidet und deshalb unterliebt sind? Ich bin überzeugt davon.

Muss es uns schlecht gehen, damit es uns gut geht? Brauchen wir die Selbsterniedrigung, die Selbstgeißelung, das schlechte Gewissen? Wirklich? Oder hat man uns das beigebracht und wir haben uns nur daran gewöhnt? Naturgesetz ist das Große Leiden keines. Es gibt nämlich Gesellschaften, da sind die Freude und die Mitfreude viel wichtiger als das Leiden und das Mitleiden. Nein, ich meine nicht die amerikanischen Dauergrinser. Gerade in den USA fühlt sich das Große Leiden sehr wohl und ist weit verbreitet. Ich denke da an jene Gesellschaften, die sich Zeit für Lachen, Tanzen, Singen, Miteinanderreden, Miteinanderessen nehmen. Das sind nicht unbedingt die Teile der Menschheit, die nicht wissen, wohin mit ihrem Reichtum.

Claudia, du bist im Widerstand. Das hab ich dir gar nicht zugetraut. Was stört dich? Ich bin gefühlskalt, wie dein Vater, und Mitleid ist sehr wohl etwas Gutes. Du willst dir das nicht nehmen lassen. Das macht dich erst zu einem guten Menschen. Harte Kritik. Der Vergleich mit deinem Vater hat besonders gesessen. Ich will ja hier nicht als gnadenloser Liebesautist dastehen. Ich will ein liebevoller Held sein. Claudia, ich relativiere. Einverstanden? Ja, es gibt Situationen, wo Menschen wirklich Schreckliches widerfährt. Da sind sie definitiv Opfer. Meine 348 Schilling-Geschichte gehört da irgendwie schon dazu und ich war froh, dass ich Menschen hatte, die mitgelitten haben. Nein, die haben mitgefühlt und mir aktiv geholfen. Das ist ein Unterschied. Das geht noch viel härter.

Ich arbeite viel mit jungen Menschen. Für ein großes Unternehmen war ich jahrelang in der Lehrlingsbetreuung tätig.

Ein Mädchen, so 15, 16 Jahre jung, hat mir einmal in der Pause eines Workshops »gestanden« – ja, weil schuld sind ja die Opfer –, dass sie sexuell missbraucht worden war. – »Hast Du mit jemandem geredet?« – »Ja, aber nur mit meinem Onkel.« – »Und? Was hat er gesagt?« – »Er hat mich gefragt, ob ich 8 oder 9 war, als mir das passiert ist?« – »???« – »Weil ab neine geht er eine.« Wenn du so einen Vater und dann noch so einen Onkel hast, dann bist du ein Opfer. Da ist Schluss mit lustig. Ich habe kurz mitgelitten. Ich leide heute noch, wenn ich das schreibe. Dann habe ich diesem jungen Menschen doch noch zu einer Therapie verholfen, die sie sich selbst nicht leisten hätte können. Claudia und auch Sie, leidvolle Leserin und leidgeprüfter Leser, erlauben Sie mir, dass ich diese Intensität des Leidens außen vor lasse. Das ist mir zu groß. Ich möchte mich nur auf das ganz normale, alltägliche, permanente Leiden konzentrieren. Auf die vielen kleinen Leiden, die sich dann aber doch auf das Große Leiden summieren.

Claudia, kann es sein, das wir Opfer und Leiden brauchen, damit wir gute Menschen sein können? Oder uns zumindest so fühlen können? Wenn dem so ist, dann müssen wir ja ständig dafür sorgen, dass die Opfer und das Leiden nicht ausgehen. Da kommt unsere Sucht nach *bad news*, nach schlechten Nachrichten her. In China sind bei einem Bergunglück 24 Kumpel ums Leben gekommen. Oiii. Und? Bei einem Busunglück in Andalusien sind fünf Menschen tödlich verunglückt. Oiii. Darunter waren zwei Kinder. Superoiii. Claudia, was hat das mit deinem und meinem Leben zu tun? Klar, wir können mitleiden. Was bewirkt das? Außer dass es uns selbst gerade nicht so gut geht. Kannst du mir auch erklären, warum wir den Tod eines Kindes ständig tragischer bewerten als den von Erwachsenen? Ist ein Erwachsener weniger wert?

Wollen Sie sich vom Großen Leiden emanzipieren? Das würde viel Raum für eine neue Form der Selbstliebe öffnen. Den Platz des Selbstmitleides könnte dann die Selbsterfreuung einnehmen. Glauben Sie, dass wir den Nächsten dann vielleicht auch anders lieben?

Raus aus dem Leiden und rein in die Freude. Ich geh dort hin. Gehen Sie mit, Sie anonymer Leser? Daumen rauf oder Daumen runter für diese Leidensbetrachtung?

Leide nicht! Liebe!

Jetzt ist aber ausgelitten. Wir beenden die Leidensgeschichte. Sonst verleide ich euch noch dieses Buch. Ich brauche jetzt eine Wien-Quiz Frage zum Abstand nehmen.

Danach kann ich entweder Rudi wieder ins Buch schreiben oder euch noch eine Engelsgeschichte erzählen. Was für eine Engelsgeschichte? Eine aus Venedig. Mit mir als Engel. Peter und Rainer sind für die Engelsgeschichte. Claudia will Rudi wieder haben. Du magst den netten Schweizer. Kann ich verstehen. Den hab ich mir auch ans Herz geschrieben. Trotzdem, Claudia: 2:1 für die Engelsgeschichte. Rudi hat noch Zeit für seinen Sohn. Nein, Peter, die Patrizia lass ich noch in Ruh. Die hat ihren Schmuddelpyjama ausgezogen und wir wollen nicht indiskret sein.

[WIEN-QUIZ] **Frage 4**

In der Augustinerstraße, unweit der Hofburg, wohnte einst die ungarische Gräfin Elisabeth Bathory. Der Überlieferung nach ließ sie über 600 Mädchen töten, um in deren Blut zu baden.
Warum?

A. Sie dachte, es mache unsterblich
B. Sie litt an der Pest und dachte, es würde sie heilen
C. Sie dachte, es helfe gegen das Altern
D. Sie hatte eine Wasserallergie

Auflösung kommt schon noch.

Meine Herren. Es tut mir leid. Aber ich wurde gerade darauf aufmerksam gemacht, dass ich bereits über der Hälfte des Buches bin und noch einiges zu schreiben habe. Die Engelsgeschichte muss ich leider auslassen. Rainer und Peter, euch erzähle ich sie nach dem Buch. Liebe Leserin, lieber Leser. Wenn Sie Interesse daran haben, senden Sie mir eine Mail.
eugen@prehsler.at
Prehsler mit H S. Aufpassen. Ich maile Ihnen die Geschichte dann zu.

Ah. Welche Überraschung.

Rudi, da bist du wieder. Na, wie war es? Wie ist es dir und deinem Sohn beim Umarmen gegangen? Es war nicht ganz einfach. Ihr habt euch beide überwinden müssen. Es hat sich am Anfang ein bisschen schwul angefühlt. Doch es hat euch beiden gut getan. Rudi, du musst kein schwuler Vater sein, um deinen Sohn zu umarmen. Du warst nur ein wunderbar liebender Vater. Rudi, jetzt pass einmal auf. Jetzt mach ich etwas nur für dich.

Wer von euch anderen wünscht sich heute noch, von seinem Vater in die Arme genommen zu werden? Wenn Papa nicht mehr lebt: Wer hätte sich das von seinem Papa gewünscht?

Claudia stimmt zu. Rainer, was ist mit dir? Undenkbar bei deinem Papa. Du findest das auch irgendwie unmännlich. Auf der anderen Seite wär es schon schön. Du hast Zärtlichkeit nur nie gelernt. Jetzt kannst du damit nicht umgehen. Peter, du und dein Vater machen das oft. Ihr spielt miteinander auch Tennis und Fußball. Da gehört das dazu. Ja, da dürfen wir Männer unsere Emotionen und unsere Sehnsucht nach Körpernähe ungehemmt ausleben. Wie beim Superbowl.

Mein Vater ist voriges Jahr im 89. Lebensjahr gestorben. Unser Verhältnis war ein ziemlich gutes. Ganz am Anfang und die letzten Jahre dann wieder. Dazwischen war es keines. Wir haben uns schon umarmt. Aber immer mit einer gewissen Reserve und Unsicherheit. Uns an der Grenze zwischen Kameradschaft und Liebe herumtastend. Ich hab ihm auch Bussis auf die Wangen gegeben. Das hab ich zunehmend gerne gemacht und er hat das auch genossen. Umgekehrt hat das aber nicht stattgefunden. Eigenartig, wenn ich mir das jetzt so in Erinnerung rufe. Das letzte, was ich von ihm im Spital gehört habe, war: »Ch dch och.«. Ich hab ihm gesagt: »Papa, ich hab dich lieb.« Und er hat mir eben ohne Zähne gesagt: »Ch dch och.« Das war schon sehr schön. Dann war er noch ein paar Tage unansprechbar. Da habe ich ihn gestreichelt und ihm vorgelesen. Eugens Vorlesungen. Schließlich hat er losgelassen. Am 1. 9. um neun Uhr drei. Knapp vor zehn Uhr hab ich dann meinen Vater zum letzten Mal geküsst. Auf die Wange und die Stirn. Haben Sie schon einmal einen Toten geküsst? Schmeckt auch nicht viel anders. Zumindest, wenn er noch nicht lange tot ist. Ich war aber irgendwie in diesem Moment wieder so acht Jahre alt. Neugierig, unbeholfen und schutzsuchend. Ganz eigenartig. Der Augenblick hat mit meiner

Unterliebe etwas gemacht. Sie ist irgendwie weniger geworden, weil mein Vater mir in diesen Momenten sehr nahe war. Ausgerechnet jetzt war er tot, der alte Depp. Er wurde immer töter und ließ mich in meinem Selbstmitleid alleine stehen. Mein Vater war oft für mich da, wenn ich ihn gebraucht habe. Nur jetzt nicht. Da lag so eine Art Puppe aus dem Wachsfigurenkabinett, die meinem Vater ähnlich sah. Mit offenem Mund und ohne Gebiss. Er war irgendwie schon fort. Ich war irgendwie allein. Wir mussten noch dafür Sorge tragen, dass sein Name auf den Grabstein gemeißelt wurde. Prehsler mit H S. Das waren wir ihm schuldig.

Was sagt ihr? Ich soll aufhören, so gruselige Geschichten zu erzählen. Oh, tut mir leid. Für mich ist das keine gruselige Geschichte. Für mich ist das eine Liebesgeschichte.

Und was Rudi mit seinem Sohn gemacht hat, macht ihn für mich zu einem Liebesengel. Doch noch eine Engelsgeschichte. Rudi, warst du bisher auch ein Liebesautist? Hast du Schwierigkeiten gehabt, Liebe zum Ausdruck zu bringen? Rudi, die Umarmung hat dich verändert. Sie hat dich zur Liebe geführt. Das hast du großartig gemacht. Danke. Gewöhne dich dran. Was wir in der Zwischenzeit gemacht haben? Wir haben gelitten. Vielleicht lässt du dir von Rainer, Peter oder Claudia die Details erzählen.

Jetzt geht es darum, wie unser eigener Willen zustande kommt. Wie er von außen beeinflusst wird. Unser Wille entscheidet wiederum unseren Selbstwert und unsere Selbstliebe. Mein Ansatz ist die *Filtertheorie.*

Hier noch einmal das Drei-Ebenen-Modell.

WAHR(FALSCH)NEHMUNG
⇕
INTERPRETATION
(BEWERTEN/BEURTEILEN)
⇕
VERHALTEN

Wie gehen wir an diese drei Ebenen ran? Mit welchen Absichten und eben mit welchen Filtern?

Die Kognitionspsychologie weiß schon lange, dass wir dazu neigen, Informationen und Meinungen zu suchen, die unsere eigenen Vorurteile bestätigen. Wir filtern auf der Wahrnehmungsebene aus dem riesigen und von uns gar nicht bewältigbaren Informationsangebot das raus, was unser Weltbild und unsere Vorurteile auf der Interpretationsebene stützt.

Unser Verhalten ist davon die Folge. Wir kochen immer den gleichen Sud. Wenn das unser mangelnder Selbstwert und unsere unterentwickelte Selbstliebe sind, suchen wir leider auch ständig nach »Beweisen« dafür.

Der US-amerikanische Autor Eli Pariser nennt das *Filter Bubble*. Filterblase. Das ist unser persönliches Informationsuniversum, das auch Internetdienste und Apps für uns aufbauen.

Sie sind ja möglicherweise Kunde bei Amazon. Da bekommen Sie ständig personalisierte Kauftipps, die eben genau Ihrer Filterblase entsprechen. Im Prinzip wird Ihnen immer mehr vom Gleichen angeboten. Die Algorithmen von *Twitter* und *Facebook* funktionieren auch auf diese Weise. Ihre Meinung und Ihre Vorurteile werden auf diese Weise zementiert. Dadurch sind Sie wunderbar berechenbar. So kann die Werbung punktgenau auf Sie zielen. Damit verdient ja auch *Google* sein Geld.

Wenn Sie, werter Leser, zum Beispiel ständig Angebote für Billigviagra oder Penisvergrößerungen bekommen, dann sind Sie wahrscheinlich über 40 und sehen ziemlich oft Pornos. Das ist Ihre erotische Filter Bubble.

Wenn Sie, liebe Leserin, ständig esoterische Angebote erhalten, dann hat Sie nicht das Universum durchschaut, sondern ein Algorithmus.

Wenn wir im Laufe unseres Lebens eine Filter Blase der Minderwertigkeit und der Unterliebe aufgebaut haben, müssen wir die anstechen. Das machen wir durch willentliches und gezieltes Setzen neuer Filter. Das ist ein Veränderungsprozess. Ein persönliches Umschulungsprogramm. Kein leichtes. Wir müssen uns ja von Gewohnheiten trennen und uns das Gegenteil von dem beweisen, was wir bisher für richtig und wahr gehalten haben.

So viel zur Filtertheorie. Jetzt folgt die Praxis.

Wir reden jetzt weiter, welche konkreten Filter wir und andere auf den drei Ebenen in unser Leben setzen. Im Endeffekt sind es immer unsere eigenen Filter. Es ist unser Wille, der sie akzeptiert oder ablehnt. Von diesen Filtern gibt es unzählig viele. Ein paar davon werden wir gleich in Aktion erleben. Wir gehen noch einmal zu einem Sportereignis. Diesmal nicht zum Superbowl, sondern in den *Madison Square Garden* in New York. Zu einem Ringkampf. Tut mir leid, dass wir schon wieder über den Atlantik fliegen, aber ich kenne in Europa keine Kampfsportarena. Es geht um die Meisterschaft in der Selbstliebe. Der Kampf geht über alle Lebensjahre. Das sind bei den meisten von uns ziemlich viele Runden.

In der einen Ecke der Alltime-Champion, der schon unzählige K.O.-Siege gefeiert hat. Mr. Fabolous *Ich mache dich nieder.* Er bringt ein Kampfgewicht von 1.200 Kilogramm auf die Waage. In der anderen Ecke der Herausforderer *Sei stark!* Ein absoluter Insidertipp. Er wiegt 60 Kilogramm. In der Mitte des Ringes die Selbstliebe.

Auf den besten Plätzen am Ring sehen wir eine starke Lehrerfraktion. Altpädagogen, Sadisten und Hilflose. Gleich daneben die Vertreter der herrschsüchtigen und der Unterdrücker-Eltern. Aus allen Teilen des Landes angereist. In den Logen eine starke Wirtschaftsfraktion, die sich mit Politikern prächtig amüsiert. Da drüben schwenken kirchliche Würdenträger Sprachbänder. Wir können unter anderen »Deine Schuld, deine Schuld, deine übergroße Schuld« und »Schlechtes Gewissen« lesen. Wir sehen viele bekannte Gesichter aus Werbung und Medien. Alle freuen sich schon auf das zu erwartende Gemetzel. Im Ultras-Sektor sitzen die besonders aggressiven Anhänger des Champions und schwenken ihre Transparente. Auf ihren Schals stehen ihre Leitsprüche »Mach sie fertig« und »Liebe raus!«. Sie stimmen ihren Schlachtgesang an: »Was, dir geht's gut? Da muss doch was zu ändern sein.« Vor ihnen sitzt einsam und verlassen eine kleine, stille Gruppe. Sie hält schüchtern einen selbstbemalten Pappkarton in die Höhe. »Liebe deinen Nächsten wie dich selbst.« Die Ultras überschütten sie mit Bier. Auf den billigen Rängen tummeln sich Neider, Wütende, Eifersüchtige, sonstige Süchtige und nach Blut Dürstende. Die Wettquote steht 80:3 für den Champion.

Gong. Los geht's. Der Champion stürmt wie ein wilder Stier auf die Selbstliebe los und versetzt ihr die gefürchtete Dreier-Kombination *Eigenlob stinkt, Was hast du schon wieder falsch* gemacht und *Die anderen sind viel besser als du.* Die Selbstliebe ist schwer angeschlagen und taumelt. Der Herausforderer fängt sie mit einem *Ich hab auch etwas gut gemacht* auf. Doch der Champion setzt mit einem fürchterlichen *Na und? Das Gute ist doch selbstverständlich*-Tritt gegen das linke Schienbein nach und schlägt noch einen Magenhaken *Über das brauchen wir nicht reden.* Die Selbstliebe knickt ein und muss sich übergeben. Der Herausforderer greift ihr mit einem *Sei stark! Freue dich und tu dir Gutes!* unter die Arme. Die Selbstliebe versucht sich wieder aufzurichten. Auuuu! Eine gestreckte Gerade *Was werden die Nachbarn sagen!* auf das rechte Auge. Ein Cut. Blut spritzt ins Publikum und trifft ein paar in der ersten Reihe. Die lächeln hämisch. Der Herausforderer stellt sich mit einem verzweifelten *Denk auch einmal an dich!* zwischen den Champion und die Selbstliebe. Der deutet rechts an, umgeht den Herausforderer links und schlägt einen fürchterlichen *Sei kein Egoist*-Hammer auf die Niere. Die Selbstliebe schreit vor Schmerz auf. Der Ultras-Sektor johlt. Das Publikum ruft »Zugabe!«. Jetzt wirft sich der Champion mit dem Kampfschrei *Du bist ungenügend!* auf die Selbstliebe und nimmt sie in den *Angst, Angst, Angst*-Würgegriff. Die Selbstliebe röchelt. Der Herausforderer ruft ihr verzweifelt zu *Das Leben ist schön. Lächle!* Da dreht der Champion mit einem gekonnten Wurf die Selbstliebe auf den Rücken und fixiert sie mit seinen 1.200 Kilogramm. Er schlägt mit ungeheurer Kraft einen *Du bist für alles zu dumm* auf den Brustkorb. Der Selbstliebe geht die Luft aus. Jetzt sticht er ihr auch noch einen *Du hast schon wieder nicht* ins Auge. Das Publikum zählt die Selbstliebe frenetisch an: »neun, acht, sieben...« Der Herausforderer versucht einen Befreiungsschlag Marke *Die Liebenswert-Übung.* Offensichtlich hat die Selbstliebe aber schon jeden Mut verloren und fällt schwer verletzt ins Koma.

Was ist jetzt los? Claudia, wieso wirfst du das Handtuch? Wegen dir wird der Kampf abgebrochen. Das ist technisches K.O. Das Publikum springt auf, kreischt, dreht die Daumen nach unten. Es will noch mehr Blut sehen. Doch der Kampf ist vorbei. Der Champion *Ich mache dich nieder* dreht triumphierend seine Runden im Ring und lässt sich feiern. Der Herausforderer *Sei stark!* hat sich unter wüsten Beschimpfungen des Publikums in die Kabine geflüchtet. Die Selbstliebe liegt noch immer regungslos am Boden. Die Ultras bewerfen sie mit Bierdosen und schießen Feuerwerkskörper auf sie.

Wir machen eine kurze Werbeunterbrechung und schalten dann zurück ins Studio zu unserer Analyse.

Na, was sagt ihr zu diesem Kampf? Das war schon ein echtes Spektakel, oder?

Peter, du hast ein paar der Treffer selbst körperlich gespürt und im Publikum einige der Menschen erkannt, die dir dein Leben bisher nicht gerade leichter gemacht haben. Ja, das kann ich mir vorstellen.

Das hat dich an die Gladiatorenkämpfe im alten Rom erinnert, Rudi. Ein grausames Gemetzel. Ist es wirklich so arg, fragst du, für manche von uns schon.

Claudia, du hast es ja nicht mehr ausgehalten und das Handtuch geworfen. Hoffentlich nicht zu spät. Die Selbstliebe war ja schon im Koma. Aber vielleicht können wir sie wieder wachrufen. Du hast nicht mehr zuschauen können und du warst vor allem auch fassungslos, wie die Menge gegrölt und sich am Leiden der Selbstliebe delektiert hat. Vielleicht haben die ja nur ein Opfer gesucht, damit sie mitleiden können. Oder sie ziehen sonst irgendeinen Nutzen daraus, dass die Selbstliebe derart am Boden liegt.

Rainer, dich hat die Wettquote überrascht. 80:3. Das hältst du für absurd. Ich halte den ganzen Kampf für absurd, aber die Wettquote kann ich dir gerne vorrechnen.

Bis zur Vollendung des 18. Lebensjahres hat jeder von uns im Durchschnitt 80.000 Mal etwas Negatives gehört oder erlebt. Dieses ganze Schlag- und Würgegriffrepertoire von »Das kannst du nicht« über »Dafür bist zu dumm« und »Halt den Mund und sei brav!« bis hin zu »Mach uns nicht ständig Schande«. Diese ausgefeilte Kampf-Technik, die ich gerne den »Wie machen wir die Jugend kaputt-Reigen« nenne. Nur knappe 3.000 Mal haben wir dagegen etwas Hebendes, etwas Positives gehört. Rainer, das sind Durchschnittswerte. Aus einer Glücksstudie über Österreicher. Ich nehme aber an, dass die Werte auch bei dir in Deutschland und bei Rudi in der Schweiz ähnlich sind. Wenn dir die Zahl 80.000 zu hoch vorkommt, dann rechne das mal nach. Das sind pro Tag nur so 12 bis 13 negative Meldungen und Erlebnisse, die dich runter machen. Deinen Selbstwert und deine Selbstliebe erniedrigen. Circa eine oder eines pro Stunde. Das geht sich bei vielen von uns locker aus. Ich habe schon oft Situationen erlebt, wo dieses Tagesquantum an Erniedrigung in 3 Minuten erledigt wurde. Was nicht heißt, dass nach diesen drei Minuten dann Ruhe und Frieden herrschte. Das hört auch nicht mit dem 18. Geburtstag auf. Das geht lustig weiter. Wir müssen ja in Form bleiben. Für die Unterdrückung unserer Selbstliebe. Bei einem derartigen negativen Dauerfeuer auf unseren Selbstwert und damit auf unsere Selbstliebe kannst du dir sicher vorstellen, wie der Wert auf unserer Selbstliebe-Skala eher im Bereich von 0 bis 4 vibriert. Der zittert sich mit der Zeit immer weiter runter. Rainer, passt das für dich als Erklärung? Ja. Gut.

Lieber Leserin, liebe Leser. Lassen Sie sich von mir nicht Psychosen anhängen, die Sie gar nicht haben. Diese Wettquote von 80 : 3 muss für Sie natürlich nicht gelten. Das ist ein Durchschnittswert. Ihre persönliche Quote kann viel besser aussehen. Vielleicht 20:60. Dreimal so viel Positives wie

Negatives. Toll! Im wahrsten Sinne des Wortes unglaublich. Da vermute ich, dass sie entweder kein Mitteleuropäer sind oder im Wald leben. Oder es ist Ihnen auf eine andere subtile Art gelungen, sich von ihrer Umwelt fernzuhalten. Schon als Kind und Jugendlicher. 40 : 40 wäre auch schon eine sensationelle Quote. Die negativen 40 sind in unserem Kulturkreis fast unvermeidlich. Zu den überdurchschnittlich hohen 40 positiv tragen zum Beispiel sehr liebevolle Eltern bei. Später dann eine wunderbare Beziehung. Gute Freunde und Erfolg sind auch positive Faktoren. Der gezielte Medienkonsum kann da auch Großartiges leisten.

So viel zur Wettquote.

Analysieren wir die Filter und versuchen wir auch, sie unseren drei Ebenen zuzuordnen.

WAHR(FALSCH)NEHMUNG

⇕

INTERPRETATION

(BEWERTEN/BEURTEILEN)

⇕

VERHALTEN

Das wird nicht immer ganz eindeutig gelingen. Das ist aber auch nicht unbedingt notwendig für die Selbstliebepflege.

UNTERLIEBT ♥ Der *Sei kein Egoist!*-Hammer

Ich beginne mit dem *Sei kein Egoist*!-Hammer. Den hat der Champion der Selbstliebe auf die Niere verpasst. Wir erinnern uns: Die Selbstliebe hat vor Schmerzen aufgeschrien. Was würdest du sagen, Peter, auf welcher der drei Ebenen dieser Filter sein Unwesen austoben kann? Du bist für Verhalten. Okay. Das nehme ich. Rudi? Du bist auch für Wahrnehmung. Wie meinst du das? Na, dass man nicht immer auf sich schaut, sondern auch auf die anderen. Danke. Ich schlage euch vor, dass dieser Filter auf allen drei Ebenen gesetzt werden kann. Dann haben wir die Trilogie des Selbstliebetodes, den Königsweg in die Unterliebe:

Schau nicht auf dich! Denk nicht an dich! Tu dir selbst nichts Gutes!

Welch enorme Zerstörungskraft des Selbst, des Selbstwertes und der Selbstliebe. Das tut wirklich weh. Das führt zu psychischen und physischen Schmerzen aller Art.

Mal die Frage in den Raum gestellt: Wer von euch ist der Meinung, dass Egoist etwas Negatives, etwas eher Böses ist? Das habe ich befürchtet. Alle. Es überrascht mich aber nicht.

Leute, möglicherweise haben wir zu viel Egoismus und zu wenig Gemeinschaftssinn und Solidarität in unserer Gesellschaft. Ich sehe das zwar nicht so krass, will hier aber nicht diesen Aspekt des Egoismus diskutieren.

Ich möchte euch hingegen einladen, dieses Egoismus-Ding von einer anderen Seite anzusehen.

Egoismus heißt laut Wahrig Fremdwörterlexikon: Ichbezogenheit, Eigennutz, Selbstliebe. Ein Egoist ist jemand, der auf sich und seinen Nutzen schaut und der sich selbst mag, sich selbst liebt. Was soll daran schlecht sein? Das ist doch gerade das, was wir für uns wollen, oder?

Ja, zu Lasten der anderen darf das nicht gehen. Schöne Floskel. Kommt schnell und reflexartig. Das müssen wir auch irgendwo gut gelernt haben. Wann geht denn dein Egoismus zu Lasten der anderen? Nein, Claudia, ich sag es noch einmal. Ich will hier nicht über Verteilungsgerechtigkeit und die Dritte-Welt-Problematik schreiben. Ich will hier mit euch über uns reden. Über dich. Über deine Selbstliebe.

Das Duden-Fremdwörterbuch bietet für Egoismus auch das Synonym Selbstliebe an. Volltreffer. Das brauche ich. Du auch. Ein Egoist ist jemand, der im Zentrum seines Lebens steht. Wer soll sonst dort stehen? Wer soll der Mittelpunkt deines Lebens sein wenn nicht du selbst? Wer sagt dir eigentlich, du sollst kein Egoist sein? Sind das vielleicht gerade jene Menschen, die etwas von dir wollen? Vielleicht sogar dein Bestes?

Da muss ich einen Klassiker von Otto Waalkes zitieren: »Alle wollen nur mein Bestes. Das geb' ich aber nicht her.«

Wir hatten schon das Beispiel der Stalker-Mütter. Patrizia hat von ihrer Mutter erzählt. Solche Mütter sagen wirklich oft: »Du bist immer so egoistisch! Nie bist du für mich da!« Dann kommt auch noch die große Opferlitanei. Muttis Leben war nicht ganz so fein und sie klammert sich ans Töchterlein, um wenigstens jetzt noch einen Rest für ihr, also Muttis Leben, rauszuholen. Das holt sie sich eben aus dem Leben vom Töchterchen. Dem fehlt das dann. Das ist so eine lustige Psycho-Spirale nach unten. Mutti war schon unterliebt, nimmt jetzt die Tochter in Liebesgeiselhaft, wodurch bei der Tochter die Selbstliebe vor lauter schlechtem Gewissen keinen Platz und keine Zeit hat und die nächste Generation munter weiter unterliebt ist.

Bei Söhnen geht das übrigens auch. Das sind dann die 40-Jährigen, die noch immer daheim bei Mutti wohnen. Nicht aus freiem Willen, weil Mama so gut kocht und die Wäsche macht. Sondern, weil ihnen der Raum zur Entwicklung des Selbst, des Ichs nie gegeben wurde.

Väter können auch sehr ichbelastend sein, doch hab ich von Männern im familiären Kontext den Filter verbal nur ganz selten gehört. Wenige Männer sagen: »Sei nicht so egoistisch.« Väter, Männer sagen dafür andere unnette Dinge. Sehr oft mit Leistungsdruck verbunden und sehr autoritär. Das passt mir da aber noch nicht her. Wir sind ja beim Filter *Sei kein Egoist!*

Wer hat da etwas davon, wenn Sie nicht egoistisch sind, also nicht auf sich selbst schauen, nicht für sich selbst da sind? Immer nur für die anderen. Sie, Mister Anonym oder liebe Anonymphe. Rücken Sie ein bisschen näher zu mir. Ich sag es Ihnen leise, damit es die anderen nicht hören.

Seien Sie egoistisch!

Stellen Sie sich ins Zentrum Ihres Lebens! Das tut erstens Ihnen gut und zweitens auch Ihrer Umgebung. Menschen, die nicht auf sich schauen, tendieren dazu, in irgendeiner Form unrund zu werden und den anderen auf die Nerven zu gehen. Lieben Sie Ihren Nächsten wie sich selbst. Aber bitte, bitte lieben Sie sich zuerst einmal selbst. Sonst sitzen Sie sehr schnell im Sektor der aggressiven Ultras. Oder sie weinen im Opfereck. Weil Ihnen die anderen Ihr Bestes genommen haben.

Dieses Egoismus-Ding, das wir hier abziehen, kann erfahrungsgemäß ganz große Wirkung erzielen. Viele meiner Workshopteilnehmer und Coachees sind begeisterte Egoisten geworden. Vielleicht gelingt das auch bei Ihnen. Wenn Sie erst einmal Ihre Verwirrung überwunden haben. Ich zitiere den alten Schopenhauer dazu: »Die Haupt- und Grundtriebfeder im Menschen, wie im Thiere, ist der Egoismus, das heißt der Drang zum Daseyn und Wohlseyn. – Das Deutsche Wort Selbstsucht führt einen falschen Nebenbegriff von Krankheit mit sich.«

Arthur Schopenhauer, Über das Mitleid, 1840

Ja, Peter, der alte Schopenhauer sagt, wenn du nicht egoistisch bist, dann ist dein Drang zum Da- und Wohlseyn gestört. Ich nehme das. Du auch? Der hat damals Sein noch mit Y geschrieben. So wie ich Prehsler noch immer mit H S schreibe.

Der alte Schopenhauer war zwar manchmal ein richtiger Miesepeter und Spaßverderber, aber das Zitat gefällt mir doch sehr. Ich befürchte, du hast es nicht richtig gelesen, also nur so flüchtig. In deinen jugendlichen Jahren hört man ja den Alten nicht immer wirklich zu. Die reden ja auch viel Blödsinn. Schopenhauer schreibt da nicht nur vom Wohlseyn, der redet definitiv vom Daseyn. Da meint er das Leben. Wenn du zu wenig egoistisch bist, kann es sein, dass du gleich deine Lebenslust verlierst. Das wollen wir ja doch nicht? Stell dir einmal vor, wenn das viele von uns machen. Ihre Lebenslust verlieren. Wo kämen wir denn dahin? Oder sind wir schon dort?

Da passt mir jetzt die folgende Geschichte gut ins Konzept.

Das Smartphone liegt auf dem Esstisch. Es vibriert sich die Tasten aus dem Leib. Schon acht unbeantwortete Anrufe. Zwölf ungelesene Nachrichten. Das Smartphone wird immer nervöser. Der Klingelton ist zur Stummheit verdammt.

Aus dem Bad sickert »*Little Wing*«, die Version von Sting.

Draußen Nebel. Drinnen dunkel.

Nur im Bad brennen zwei Dutzend Teelichter. Steht eine Flasche Prosecco. Halbleer.

Sie in der Wanne. Die Arme liegen regungslos auf den Wannenrändern. Die Augen zu. Das Wasser schon lauwarm. Die kleine Quietschente beobachtet fasziniert das zwischen den Schaumflocken treibende Prosecco-Glas.

Das ist schon eine traurige Geschichte, oder? Fehlen nur noch die Schlaftabletten. Unlust am Leben. Offenbar keine Egoistin. Ihr wirkt ein bisschen betroffen. Peter, was lächelst du so komisch? Du sagst, keine traurige Geschichte. Das ist Patrizia. Richtig Peter. Ihr anderen hütet euch in Zukunft vor eurer Wahrnehmung und euren Interpretationen. Ihr könntet Opfer eurer eigenen Vorurteile werden. So schwer war das ja auch nicht. Ich hab euch extra den Prosecco als Hinweis reingeschrieben. Könnt ihr euch erinnern? Patrizia hat eine SMS bekommen, die sie zum Strahlen gebracht hat. Die war von einem flüchtigen Bekannten aus Bremen, der kommt heute Abend nach Hannover und will bei Patrizia vorbeischauen. Ein neuer Prinz bahnt sich an. Patrizia rüstet offensichtlich für einen schönen Abend auf und ist nur entspannt eingeschlafen. Ich brauche sie aber noch. Daher werde ich den Bremer Prinzen vorerst in die Warteschleife hängen.

Hallo, Patrizia. Aufwachen. Peter, rüttle einmal sanft an ihrem Arm. Gut so. Patrizia, du bist eingeschlafen. Es ist schon spät. Da springt sie raus aus der Wanne. Rein in den Bademantel. Schnell noch ein Blick aufs Smartphone. Eine Nachricht von ihm. Er kann heute doch nicht kommen. Leider eine Autopanne. Er ruft dich morgen an. Na, immerhin keine völlige Absage. Also wieder rein in den Schmuddelpyjama und zurück zu uns. Du willst lieber im Bademantel bleiben. Auch okay. Klink dich einfach wieder ein.

Wenn Sie bei der Liebenswert-Übung als Gründe hauptsächlich solche wie *zuverlässig, immer für andere da, ich kann gut zuhören, hilfreich* geschrieben haben, dann könnte das darauf hinweisen, dass bei Ihnen der *Sei kein Egoist!*-Filter sehr fest sitzt. Das sind schon gute Eigenschaften. Liebenswerte.

Aber wenn Sie nur solche Gründe haben, dann kommt Ihr Selbst und Ihre Selbstliebe zu kurz. Wahrscheinlich tun Sie sich auch schwer, nein zu sagen. Oder Sie sind eine Leserin, die sich nach der Bibel richtet. Dienen, dienen, dienen. Vor allem den Männern. Welchen Männern kochen oder bringen Sie Kaffee? Ach so, das gehört sich so. Und Ihnen fällt ja kein Stein aus der Krone. Dem Prinzen oder König aber auch nicht. Wie Sie wollen.

Rudi, ja bitte. Dir gefällt das. Du willst in Zukunft egoistisch sein. Mehr auf dich schauen, dich in den Mittelpunkt deines Lebens stellen und auch mal nein sagen. Rudi, schön. Und es wird dir bei deiner Suche nach deinem Selbst wirklich helfen. Das ist vielleicht gar nicht auf dem Grund des Genfer Sees. Vielleicht ist es viel näher als du glaubst. Es sind nur ein paar Filter zwischen dir und deinem wunderbaren Selbst, das du dann gerne liebst.

In Kürze noch einmal der Schlagabtausch zum Thema Egoist.

$$L_g = L_s + L_f$$

Liebe gesamt = Selbstliebe + Fremdliebe

$$L_s = ☹$$

Sei kein Egoist!
Schau nicht auf dich – Denk nicht an dich – Tu dir nichts Gutes!

$$\mathbf{L_s} = ☺$$

- **Sei egoistisch!**
- **Schau auf dich – Denk an dich – Tu dir Gutes!**

Bevor wir uns den nächsten Selbstliebekiller anschauen, ein kurzer Werbeblock. Für Wien.

[WIEN-QUIZ] **Frage 5**

Was war bis 1806 ausgestopft und konserviert im kaiserlichen Naturalienkabinett zu bestaunen?

A. Die Hauskatze Josefs II.
B. Ein Blauwal
C. Der Kammerdiener des Fürsten von Lobkowitz
D. Die rechte Hand des Großwesirs Kara Mustafa

Auflösung kommt schon noch.

Der hat die Selbstliebe zum Röcheln gebracht. Mit diesem *Angst, Angst, Angst*-Filter hat der Champion sie gewürgt, bis ihr die Luft ausgegangen ist. Dieser Filter ist der vierte apokalyptische Reiter. Der auf dem fahlen Pferd. Er wütet auf allen drei Ebenen. In der Wahrnehmung, der Interpretation und in unserem Verhalten. Er kann so stark und mächtig sein, dass manche von uns in einer Filterblase der Angst leben. Diese Blase spannt sich immer weiter über Europa. Vor dieser Blase habe ich mehr Angst als vor der nächsten Spekulations- oder Immobilienblase. Sie sehen, ich habe auch Angst. Ich habe Angst vor der Angst. Ich versuche, etwas dagegen zu machen. Zum Beispiel dieses Buch schreiben. Um uns Mut zu machen.

Wenn wir in der Angst sind, dann versuchen wir sie auch ständig zu bestätigen. Das ist ja das Wahrnehmungsprinzip, das die Kognitionspsychologie erkannt hat. Wir suchen ständig Gründe, um uns zu fürchten. Was kann ich alles wahrnehmen, um noch mehr Angst zu haben? Dieses Bedürfnis nach Bestätigung unserer Angst wird in unserer Gesellschaft souverän befriedigt. Arbeitslosigkeit, Flüchtlinge, Kriege, Krankheit, Umweltzerstörung. Wir müssen nur zugreifen. In Europa Angst zu haben ist wirklich leicht. Nur leider ungut. Manche von uns glauben, dass die Apokalypse schon über uns hereingebrochen ist. Die Endzeitstimmung breitet sich aus. Es wird aufgerüstet für den ultimativen Kampf. Das Jüngste Gericht steht vor der Tür. Oder zumindest irgendein Plünderer und Vergewaltiger. Polizei und Militär bekommen mehr Geld. Die Bürger decken sich mit Waffen ein. Ich kenne ein sogenanntes alternatives Paar, beide so um die 35. Die waren bis vor kurzem glühende Pazifisten. Jetzt haben sie sich vier Schusswaffen und 3.000 Stück Munition gekauft. 3.000 Stück. Wenn die halbwegs mit den Dingern umgehen können und eine Trefferquote von zehn Prozent erreichen, gibt es 300 von uns weniger. Das könnte aber den Druck auf den Arbeits- und Wohnungsmarkt verringern. Was ja dann auch wieder nicht so schlecht wäre. Aber Angst macht mir das schon. Ich bin ja ein bisschen übergewichtig und die Dicken trifft man leichter.

Verdammt noch mal! Ich will nichts verharmlosen oder schön reden. Aber übertreiben wir nicht doch sehr? Weil wir uns in unserer Wahrnehmung nur auf unsere Angst konzentrieren und deren Wachstum pflegen? Ich bleib dabei. Ich hab im Großen und Ganzen ein gutes Leben. Da reitet schon mal der vierte Apokalyptische Reiter durch, die Angst. Ich gebe sogar zu, dass sich in den letzten zwei, drei Jahren meine Angst verdichtet hat. Weil ich eben jede Hiobsbotschaft aufgesagt habe. Jetzt habe ich aber meinen Wahrnehmungsfilter wieder adaptiert und die Welt schaut anders aus. Wesentlich besser. Ich sehe die guten Entwicklungen, die tollen Menschen, die schönen Seiten in meinem Leben wieder viel stärker. Das hat mir mein Lächeln und meinen Mut zurück gebracht. Außerdem trink ich wieder weniger Alkohol und mache oft Bewegung. Angst? Drauf geschissen. Das Leben ist sehr wohl auch schön.

Ich möchte Sie etwas fragen. In so einem durchschnittlichen Jahr Ihres Lebens, wo nichts besonders Großartiges passiert, dafür auch keiner der ganz harten Schicksalsschläge, wie viele gute Tage haben Sie in so einem Jahr? Wenn für Sie ein guter Tag nur einer ist, wenn Sie in der Lotterie gewinnen oder im Urlaub sind, dann kommen Sie natürlich auf nicht so viele. Dann haben Sie das Leben aber auch nicht verstanden. Kann es sein, dass Sie in einem Ihrer durchschnittlichen Jahre vielleicht zehn oder zwanzig großartige Supertage haben, 260 bis 300 durchaus gute Tage. Nicht wirklich aufregend, aber durchaus wert, dafür aufzustehen. Dann gibt es wohl auch ein paar wirklich beschissene Tage und noch die, an die man sich nicht mehr erinnern kann. Ist das in Summe nicht schon ein gutes Leben? Oder erinnern Sie sich nur an die beschissenen Tage? Dann sollten Sie Ihren Erinnerungsfilter wechseln.

Wie viele Jahre in Ihrem Leben waren bisher großartig? Wie viele ganz okay und wie viele ächz? In meinen 56 Jahren habe ich mindestens zehn großartige gehabt. Vier meiner Jahre waren dunkelschwarz. Davon aber auch nur eines durchgehend. In den anderen drei waren es nur Monate oder Wochen. Ich möchte aber auch diese vier Jahre nicht in meinem Leben missen. Sie gehören eben dazu. Zu mir. Zu meiner Geschichte. Von den nächsten 40 Tagen, die da auf Sie warten, werden wie viele es wert sein, dass Sie sie leben? Erleben, überleben? Und danach?

Wenn ich mich auf der Wahrnehmungsebene nur mit Hiobsbotschaften aufmunitioniere, dann ist es kein Wunder, wenn ich ein ängstliches Weltbild bekomme. Das Leben eben furchtsam interpretiere. Das Leben zum Fürchten finde. Sind Sie eher Optimist oder Pessimist? Für beide ist das Leben laut Erich Kästner lebensgefährlich. Sie gehen nur verschieden damit um. Oder darin herum. Oder hinein. Ins Leben.

Der Optimist sieht in jedem Problem eine Gelegenheit.

Der Pessimist sieht bei jeder Gelegenheit ein Problem.

Patrizia, du hast Existenzängste. Welche? Ist das die Angst davor, dass du deinen Job verlierst und dir das Geld ausgeht oder dass du am Ende deines Lebens drauf kommst, dass es schon aus ist und du zu wenig daraus gemacht hast? Du hast um deinen guten Job Angst. Da bist du nicht alleine mit deiner Angst. Glaubst du wirklich, dass du mit deinen Fähigkeiten keine Lösung findest? Du hast nicht Angst wegen deiner Fähigkeiten, sondern wegen der allgemeinen wirtschaftlichen Entwicklung. Ach so. Wir stehen vor einem Automatisierungs- und Rationalisierungsschub von gigantischem Ausmaß. Ich habe eine Berechnung gelesen, dass in Europa in den nächsten 20 Jahren 45 Millionen der aktuellen Arbeitsplätze verloren gehen. Das ist ja nicht gerade wenig. Da kann man schon Pessimist werden und Angst bekommen und sich den Horrorvisionen hingeben. Oder man sieht die Möglichkeiten und denkt in Lösungen. Wie viel Arbeit wird da in Zukunft von Maschinen und Robotern erledigt, die im Grunde kein Mensch machen will. Die können dann etwas anderes machen. Wir haben in den letzten 50 Jahren einen ähnlich gravierenden Rückgang der Arbeitsplätze in der Landwirtschaft gehabt. Und? Heute haben wir mit all unseren Fähigkeiten und Ressourcen, mit unserem Wissen und unseren Errungenschaften es in der Hand, eine großartige Zukunft zu gestalten. Großartiger als je zuvor. Wir müssen es nur wollen. Das Problem ist aktuell, dass es so viele Wirs gibt, die miteinander streiten und sich bekämpfen.

Was glaubst du, Patrizia? Wird die durchschnittliche wöchentliche Arbeitszeit 2036 in Europa unter 30 oder über 50 Stunden liegen? Um 1850 betrug sie jedenfalls noch 80 bis 85 Stunden mit einem 14 bis 16 Stunden-Tag. Wenn du da unsere derzeitige 40 Stunden-Woche erwähnt hättest, wärst du als Spinnerin abgetan worden. Nein, dir als Frau hätte damals eh niemand zugehört.

Bedingungsloses Grundeinkommen? Wer soll das finanzieren? Ich weiß es nicht. Ich bin mir nicht einmal sicher, dass ich das will. Ich finde es aber sehr interessant, dass Bernd Leukert, Vorstand von SAP, dies als Lösungsmöglichkeit ansieht. Zumindest auf lange Sicht gesehen.

Patrizia, glaubst du wirklich, dass uns in Europa die Arbeit ausgeht? Ich habe ein viel zu gutes Bild von unserem alten Europa, als dass ich Zukunftspessimist sein kann. So in der täglichen Beobachtung des politischen und wirtschaftlichen Geschehens wird mir aber schon manchmal angst und bange. Die Mannschaft Europa hat momentan nicht die besten Coaches und die besten Schlüsselspieler. Und die Spielanlage ist auch ein bisschen vertrottelt. Die Staaten sollen sparen, nur wir Konsumenten sollen ordentlich ausgeben. Nein, das funktioniert nicht. Wir werden das ändern. Und mit anderen Coaches und anderer Mannschaft wieder in der Superbowl um den Titel spielen. Und gewinnen. Bis dahin kann es immer wieder einmal weh tun.

Das sollte jetzt kein politisches Credo sein. Schon gar kein missionarischer Appell. Sondern nur ein Beispiel dafür, dass wir alles ängstlich interpretieren und eben das Lied der Angst spielen können, oder uns mutig und voller Zuversicht die zweite Seite der Medaille anschauen.

Interpretation passiert ja im Hirn. Angst haben ist eine Interpretation, eine mögliche Sichtweise der Umwelt und der Geschehnisse. Somit eine Form des Denkens.

Können Sie sich vorstellen, dass wir durch unser Denken den Geschmack unseres Hirns beeinflussen? Es gibt ja das Gericht Hirn mit Ei. Normalerweise in unseren Breiten wird das zwar eher selten mit menschlichem Hirn zubereitet. Lassen Sie uns trotzdem überlegen, ob das ähnlich wie bei unserem Rind- und Schweinefleisch sein kann. Das mit den Stresshormonen, die wir dann mitessen und selbst in uns haben. Oder so. Sie wissen, wovon ich rede. Können ängstliche Gedanken den Geschmack unseres Hirns beeinträchtigen? Ihnen graut. Na gut. Verstehe ich. Einigen wir uns darauf, dass ängstliche Gedanken unsere Selbstliebe beeinflussen. Wir können aber nicht ausschließen, dass sie auch unser Hirn und infolge uns ungenießbar machen. Sind Sie genießbar? Genießt Sie Ihr Umfeld? Genießen Sie sich selbst?

Kuru

Ein Spezialist unter den Viren ist der Erreger von Kuru, der Lachkrankheit. Dieser Virus wird durch Kannibalismus übertragen. Dieser Virus hat sich fast ausschließlich in Neuguinea herumgetrieben. Denn dort gab es zu wenige Tiere und um ans tierische Eiweiß heranzukommen, hat man halt schon mal vom Nachbarn abgebissen. Naja, ganz so war's auch wieder nicht. Kuru wurde nämlich übertragen, wenn Babys und Kleinkinder den schweren Fehler begingen, sich nach dem Herumspielen mit rohem Hirn, das ihre Mütter gerade aus toten Kuru-Nachbarn herausgeschnitten und für – weiß nicht – zum Beispiel Hirn mit Ei vorgesehen hatten, die Finger ableckten.
Was lernen wir daraus: nur Hirn vom amtlich geprüften Bio-Nachbarn kaufen und Kinder: Immer brav die Hände waschen!
Die Lachkrankheit führt übrigens nach 6 bis 12 Monaten qualvoll zum Tod. Trotzdem finde ich, das ist eine lustige Geschichte. Ob mutige Optimisten besser schmecken als Angsthasen, wissen wir aber immer noch nicht.

Haben Sie jetzt Hunger bekommen und brauchen Sie eine Pause oder kann ich zum ängstlichen Verhalten übergehen?

Kein Hunger.

Rudi, wie war das, als du deine Chemo hattest? Vor 14 Jahren? Du bist im Krankenhaus gelegen. Chemo gerade überstanden. Keine Haare, ausgezehrt, aber geschafft. Glücklich. Dann kamen deine Frau und deine zwei Kinder auf Besuch. »Wow! Du schaust echt gut aus, Papa. Wirst sehen, in zwei Monaten sitzen wir wieder auf dem Rad! Papa, du machst das echt gut.« Deine Frau hat dir liebevoll die Chemoglatze gestreichelt. Es hat keine zwei Monate gedauert. Schon nach sechs Wochen hast du wieder einen Radausflug mit deiner Familie gemacht. Mit dir lag ein anderer Patient im Zimmer. Der bekam auch Besuch. Du hast das Gespräch mitgehört. Er zum Besuch: »Die Chemo war nicht ganz einfach. Aber ich bin über den Berg.« Doch der Besuch ist ins große Klagen verfallen: »Jaja. Das haben sie beim Onkel Lucas auch gesagt und drei Wochen später war er tot.« Der Patient ist in Schweigen verfallen, die Augen wurden matt, die Angst ist wieder in ihn hineingekrochen und hat den Überlebenswillen schwinden lassen. Nein, der hat keine drei Wochen gebraucht, sondern vier Monate. Dann war er tot.

Ja, Rudi, solche Geschichten kenne ich viele. Ich habe den Eindruck, dass eine der häufigsten Todesursachen einfach blöde oder sadistische Verwandte und Bekannte sind. Vielleicht machen die das auch mit Absicht. Wegen des Erbes.

Peter, du willst etwas einbringen? So einfach geht das nicht. Man kann nicht alles verdrängen. Ich habe nicht gesagt, dass wir keine Gründe für die Angst haben. Wir leben in einer herausfordernden, unsicheren Zeit. Solche Phasen sind immer mit Angst verbunden. Ich plädiere nur dafür, es mit der Angst nicht zu übertreiben und sich eher auf die andere Seite der Medaille zu fokussieren.

Peter, einer meiner großen Lehrer, der deutsche Psychotherapeut Jürgen Hargens, hat mir folgendes erzählt. Eine Frau kam in seine Praxis und sagte: »Ich verdränge alles!« Darauf er: »Wirklich alles? So gut können Sie das? Können Sie mir das bitte auch beibringen.« Mir hat das sehr gefallen und gefällt mir immer noch. Jürgen Hargens ist zu einem meiner Freunde geworden.

Der hat noch etwas erzählt. Das wird auf dich absurd wirken, seinen Klienten hat es oft geholfen. Er hat denen nach einer Therapie angeboten: »Sie können jederzeit wiederkommen und von mir eine unentgeltliche Therapiestunde bekommen. Vorausgesetzt, Sie rufen mich eine Woche, bevor Ihr Symptom wieder auftritt, an.« So eine Sicherheitsreißleine für den Notfall reicht oft, um das Symptom gar nicht erst aufkommen zu lassen. Gegen deine Ängste hilft es sicher schon, wenn du einen Plan B für den *worst case* hast. Den schlechtest zu erwartenden Fall. Der tritt dann ziemlich sicher gar nicht ein.

Fassen wir die Filterblase *Angst, Angst, Angst* zusammen:

$$L_g = L_s + L_f$$

Liebe gesamt = Selbstliebe + Fremdliebe

$$L_s = ☹$$

Angst, Angst, Angst
Zieh dir jede Hiobsbotschaft rein und verstärke deine Angst.
Sei pessimistisch und glaube fest an das Ende der Welt.
Fürchte dich täglich und trauere der guten alten Zeit nach.
Mache auch anderen möglichst viel Angst, damit wir auch alle sicher davon infiziert werden.

$$\mathbf{L_s = ☺}$$

- ***Mut, Mut, Mut.***
- **Leg dich auf die Lauer nach dem, was an Gutem schon da ist und an neuen Lösungen entsteht.**
- **Sei optimistisch und zuversichtlich.**
- **Verdränge die Angst und ermutige dich! Mache auch anderen Mut.**

Noch etwas. Verwechseln Sie bitte Angst nicht mit Trauer. Trauer ist ein psychologischer Grundbewältigungsmechanismus bei Verlusten. Trauer entschlackt und reinigt. Können Sie schön traurig sein? Wenn ich an meinen Vater denke, dann kommt schon Trauer auf. Das fühlt sich aber nicht schlecht an. Zumindest nicht nur schlecht. Irgendwie ist das auch schön.

Claudia, als dein Mann gestorben ist, haben dich der Schmerz und die Trauer um ihn fast zerrissen. Die Zeit hat aber die Qualität der Trauer verändert. Die Tränen wurden weniger und anders. Die Trauer hat dir nach und nach die schönen Erinnerungen gereicht. Die Trauer war gut zu dir. Oder? Schon.

Am Ende des Buches werde ich mich von Ihnen trennen müssen, liebe Leserin und lieber Leser. Wir werden wieder getrennte Wege gehen. Ich werde um Sie trauern. Eine Zeit lang. Angst habe ich übrigens keine mehr von Ihnen. Dafür möchte ich Ihnen danken.

Ich geh aus diesem Kapitel mit einer fantastischen Anti-Angst-Geschichte raus. Besser noch: Es ist eine Lebensmut-Geschichte.

Das war vor ein paar Jahren in Wien. Ich sitze in einem Schanigarten. Da kommt ein Augustin-Verkäufer. Den muss ich jetzt für Nicht-Wiener erklären. Es gibt in Wien eine Vereinigung, die in Not Geratene und sozial Gestrandete unterstützt. Diese Vereinigung gibt die Zeitschrift *Augustin* heraus. Diese wird von den Augustin-Verkäufern um zwei Euro verkauft, wobei ein Euro dem Verkäufer zusteht. So ein Augustin-Verkäufer kommt an meinen Tisch. Ich, ganz sozialer und gönnerhafter Mittelständler, gebe ihm für die Zeitung drei Euro und sage: »Danke. Und viel Glück für die Zukunft. Ich hoffe, du schaffst es.« Da sagt dieser Augustin-Verkäufer zu mir: »Ich schaffe das ganz sicher. Und du brauchst dir auch keine Sorgen zu machen. Du schaffst das auch.« Dann ist er tänzelnden Schrittes abgegangen. Was soll ich da noch sagen? So viel Lebensmut ist einfach ansteckend. Mich hat selten jemand in meinem Leben derart motiviert.

Nach den beiden Megafiltern *Sei kein Egoist!* und *Angst, Angst, Angst* analysieren wir noch ein paar andere Hämmer auf den drei Ebenen.

WAHR(FALSCH)NEHMUNG

⇕

INTERPRETATION

(BEWERTEN/BEURTEILEN)

⇕

VERHALTEN

Mit welchen Filtern hat der Alltime-Champion *Ich mache dich nieder* auf der Wahrnehmungsebene sonst noch zugeschlagen?

Beginnen wir mit einem Klassiker. *Eigenlob stinkt!* Dieser Filter verrichtet seinen Hauptschaden auf der Wahrnehmungsebene. Wenn er da erfolgreich ist, haben Sie so gut wie keine Chance mehr, aus eigenen Kräften zu einem guten Selbstwert und einer wohltuenden Selbstliebe zu kommen. Deshalb hat der Champion mit diesem Filter auch seine Prügelorgie begonnen.

Eigenlob stinkt!

Wer von euch kennt diesen Filter? Niemand? Blödsinn. Ihr kennt vielleicht den Filter nicht unter diesem Namen, aber die meisten von uns kennen seine Wirkung. Gehen wir noch einmal zurück zu unserer Liebenswert-Übung. Wenn es Ihnen schwer gefallen ist, Gründe zu finden oder Ihnen die Übung peinlich war, dann gehört er Ihnen, der Filter.

Rainer, ich brauch einen kritischen Einwand von dir. Komm, hilf mir. Du kannst dich sehr wohl anerkennen, aber *liebenswert* ist nicht so sehr dein Revier. Jawohl! Männer haben nicht liebenswert zu sein, die müssen kämpfen, erobern, gewinnen. Okay. Danke, Rainer, wir beide machen das gemeinsam sehr gut. Früher haben wir Männer für eine weggesprengte Gliedmaße oder ein rausgeschossenes Auge das Eiserne Kreuz bekommen. Heute bekommen wir für einen Herzinfarkt oder ein Burnout ... ja, was denn eigentlich? Meins ist dieses ganze Heldengetue nicht. Ich bin lieber liebenswert. Rainer, was sagt dein eigener Wille? Oder ist es doch nur ein Mannsbild, ein Bild von uns Männern, wie es irgendjemand braucht, um irgendwelche Ziele zu erreichen. Seine Ziele, nicht deine, nicht meine. Nicht unser Wille, sondern der von dem anderen.

Machen wir es weniger pathetisch. Der *Eigenlob stinkt!*-Filter wird ja noch durch einen anderen Wahrnehmungsfilter verstärkt. Den *Suche deine Fehler!* Bei folgsamen Christen heißt er *Gestehe deine Sünden!* Das können wir ganz leicht testen.

Auf welche Frage fällt Ihnen die Antwort leichter? Bitte ankreuzen.

A. Was haben Sie in den letzten 3 Monaten gut gemacht?
B. Was haben Sie in den letzten 3 Monaten schon wieder falsch gemacht?

Patrizia nimmt A. Du bist in einem High-Potential-Programm und da habt ihr das erst unlängst geübt. Vorher warst du aber wie die anderen bei B, oder?

B.

Die beiden Fragen sind schöne Beispiele dafür, wie man die Filterblase anstechen kann. Wir haben einfach den Fokus von *schlecht* auf *gut* umgelegt. Die Liebenswert-Übung ist auch so eine Einführung eines anderen Filters.

Eigenlob stinkt! Sich selbst zu preisen ist unehrenhaft. So ein Schwachsinn! Glauben Sie das wirklich? Spricht da wirklich Ihr eigener Wille? Dann halte ich dagegen mit *Ehre, wem Ehre gebührt.* Ach so, Sie sehen sich als nicht beachtenswertes, ehrloses Nichts. Na dann. Bleiben Sie in Ihrer unterliebten Filterblase.

Ich liebe einfache Beweisführungen. Sehen Sie: Sogar Beweisführungen kann man lieben. Warum nicht uns selbst?

Peter? Wer sich selbst übermäßig stark lobt, macht sich oft unbeliebt. Das höre ich oft. Peter, ich würde dir auch nicht raten, dich selbst laut zu preisen, wenn du von lauter Neidern umgeben bist. Das wäre ein bisschen ungeschickt. Die werden alles daran setzen, dich abzumontieren. Aber du selbst solltest dich schon preisen. Ist übrigens eine zielführende Übung, sich einmal zu überlegen, mit welchen Menschen man sich umgibt. Oder umgeben wird. Änderungen im Umfeld können für die Selbstliebe Wunder wirken. Ich erlebe immer wieder, wie Menschen aufblühen, wenn sie sich eine neue beste Freundin oder einen neuen besten Freund suchen. Oder eben auch eine

Beziehung beenden oder einen Firmenwechsel durchführen. Wenn Sie klagen und leiden wollen, werden Sie Mitleidende und Mitklagende anziehen. Wenn Sie sich zu einer problemfreien Zone erklären, werden diese Menschen von Ihnen lassen und Sie werden für andere anziehend. Sie wechseln auf diese Weise in eine andere Filterblase. Das ist eine Frage Ihres Willens und Ihrer Entscheidung.

Sie können sich zum Beispiel am Arbeitsplatz immer zu jenen Kollegen gesellen, die alles schlecht reden, andere Abteilungen in den Dreck zerren und sich ständig nur über die Mühen des eigenen Lebens beschweren. Was das mit Ihnen macht, ist wohl klar. Sie können sich davon aber auch emanzipieren und andere Kollegen suchen. Sie müssen sich nicht ständig selbst runterziehen oder runterziehen lassen. Was wollen Sie?

Ich schlage Ihnen und euch noch eine Übung zum Filterwechsel auf der Wahrnehmungsebene vor. Das Prinzip ist wohl allen schon klar, aber ich finde die Übung lustig.

Was für eine Kapitelüberschrift. Ich hab bis vor drei Minuten nicht gewusst, was ein Komedo ist. Sie wissen es wahrscheinlich jetzt noch nicht. Der Volksmund bezeichnet einen Komedo gerne als Mitesser oder Pickel. In Österreich sagen wir Wimmerl dazu. Wieder etwas gelernt.

Gut, das wird Ihr Leben nicht verändern. Die Übung kann das schon. Sie soll Ihnen gut tun. Sie wird Ihnen auch wieder zeigen, wie stark dieser *Eigenlob stinkt!*-Filter bei Ihnen sitzt.

Das ist übrigens eine ganz intime, ganz vertrauliche Übung. Schauen Sie dabei bitte nicht zu Ihrem Nachbarn. Respektieren Sie seine Intimzone.

Los geht's.

Denken Sie jetzt an das, was Ihnen an sich selbst gefällt. Sie können bei der Übung auch gerne die Augen schließen. Da werden Sie sich nur beim Weiterlesen schwer tun. Anstatt des morgendlichen »Ich-mach-mich-selbst-nieder«-Rituals mit der Suche nach Tränensäcken, Kahlstellen, Orangenhaut, Hängebusen und dem »Immer noch ein Kilo zu viel und einen Komedo habe ich auch schon wieder am Gesäß«-Blickes, also statt des gewohnten negativen Filters, legen Sie sich jetzt einmal bewusst auf die Lauer nach dem Schönen an Ihnen. Sie können mir glauben! Da ist wirklich viel Schönes an Ihnen zu entdecken und zu genießen. Ich habe auch noch nie einen Menschen getroffen, der nur hässlich war. Hässliche gibt es schon öfters. Aber Nur-Hässliche eben ganz selten. Okay, manchmal nach einer langen feuchten Nacht sind wir es vielleicht schon. Da riechen wir dann noch dazu auch schlecht. Aber das gibt sich dann doch wieder. Mit Kurzzeithässlichkeit kann man leben.

Legen Sie Ihren Fokus wirklich auf das Schöne an Ihnen!

Ich kann genau erkennen, wie es euch geht. Patrizia und Claudia lächeln schon neckisch, Peter grinst unverschämt – das scheint ein bisschen übertrieben, Peter, oder du denkst gerade an eine nicht öffentliche Körperstelle. Eines der schönen Vorrechte der Jugend. Dem Rainer taugt das auch. Er hat sein bestes Modelllächeln aufgesetzt. Bei diesem Test kann er gewinnen. Er sieht ja wirklich gut aus, unser Rainer. Du, es geht da nicht ums Gewinnen gegen die anderen. Wir spielen hier nicht: »Spieglein, Spieglein an der Wand. Wer ist der Schönste im ganzen Land?« Es geht da nur um dich.

Rudi denkt sich gerade: »Puhhh ... ist das peinlich!« Ja, ist es. Aber nur, weil man dir das anerzogen hat. Das ist der *Eigenlob stinkt!*-Filter. In der Wirkung: »Das ist peinlich.« Die Anleitung zum Selbstschämen. Das musst du dir wirklich einmal auf der Zunge zergehen lassen.

Gib nicht auf, entdecke deine Schönheit. Hör auf, dich zu schämen und freue dich über das, was dir an dir selbst gefällt. Vielleicht hast du die schönste Kniekehle von uns allen, Rudi. Vielleicht hast du einen bezaubernden großen Zeh. Oder ein Blitzen in den Augen, das Zeus neidisch macht. Keine Ahnung

– das musst du wissen und spüren und genießen! Da beginnt der Rudi jetzt unbeholfen zu lächeln. Das wird schon.

Nein, Patrizia, dein Arsch ist völlig in Ordnung. Der ist nicht nur in Ordnung, der ist eine Augenweide. Selbst im Schmuddelpyjama. Erst recht im Bademantel. Lass dir nicht ständig einreden, dass er nicht perfekt ist und wie er anders auszusehen hat. Das ist der Arsch für einen Prinzen. Sogar mit Komedo.

Ja, liebe Leute, so mancher Leser und so manche Leserin kommen da einfach nicht durch. Denen gelingt das gar nicht, sich schön zu finden. Nicht einmal im Ansatz. Die leiden gerade. Daran merken sie, wie stark dieser *Eigenlob stinkt!*-Filter sie beherrscht. Da ist eine Filter-Blockade errichtet worden zwischen ihnen und ihrem starken, schönen Ich. Ein wichtiger Puzzlestein für ihre unterentwickelte Selbstliebe. Ein starker Einstieg in die Unterliebe.

Gehen wir raus aus der Übung. Zum nächsten Filter.

Vergleiche dich ständig und ziehe den Kürzeren.

Das hatten wir schon bei den Symptomen der Unterliebe. Beim Neid.

Jeder Selbsthilfe-Ratgeber und die meisten Coaches raten, mit dem Vergleichen aufzuhören. Ich hab nur selten jemanden getroffen, der das zusammenbringt.

Rainer, du willst immer gewinnen. Wie soll das ohne Vergleich gehen?

Peter, du schaust dir die älteren Generationen an und denkst dir oft, so willst du nicht werden. Schon wieder ein Vergleich.

Patrizia, du fühlst dich ständig in einem Konkurrenzkampf. Wie soll der ohne Vergleichen funktionieren?

Rudi, du wärst gerne noch einmal 30. Zumindest 40. Ein Blick zurück ist auch ein Vergleich.

Claudia, du ... du vergleichst dich wirklich selten. Du suchst dir Vorbilder.

Ist das etwas anderes? Ist das nicht auch vergleichen?

Der Filter *Vergleiche dich ständig und ziehe den Kürzeren* ist einer der schlimmsten. Der attackiert unsere Lebenszufriedenheit, unseren Selbstwert und infolge auch unsere Selbstliebe massiv. Der kann so unerträglich werden, dass wir uns als Selbstschutz in die Opferrolle begeben und das Hohe

Lied der Ungerechtigkeit singen. Aus mir hätte etwas werden können, wenn nicht...

Diese Filterblase ist mit Selbst- und Welthass und Neid gefüllt. Unbedingt aufstechen und den Psychoeiter abfließen lassen.

Gefährlich kann der Vergleich aber auch sein, wenn wir gezielt uns erhöhen. Uns bei anderen auf die Lauer legen, was die weniger haben oder weniger können. Ich habe auch so Phasen, in denen ich verunsichert bin. Da könnte ich etwas tun, mich weiterentwickeln. Das wäre gut. Das mache ich auch immer wieder. Manchmal gehe ich aber doch in den Valium-Vergleich. Zur Selbstberuhigung und oft auch Selbsttäuschung. Die hat zwar viel mehr Geld, aber ich habe mehr Kinder. Der ist ein noch liebevollerer Vater, dafür bin ich erfolgreicher. Der ist sportlich viel besser unterwegs als ich, dafür hat er von gutem Essen keine Ahnung. Ich vergleiche mich da zur Selbsterhöhung. Das ist gefährlich, es bringt nur eine vorgetäuschte Selbstzufriedenheit. Ein Selbstwert auf wackeligen Beinen. Auch zu dieser Art von Vergleich rate ich deshalb nicht.

Ich halte für sinnvoll, sich umzuschauen mit dem Vergleichsfilter *Was kann ich von anderen lernen?* Meinetwegen auch, um Vorbilder zu finden. Mir gefällt der Lern-Ansatz aber besser. Ich mag den auch in meiner Arbeit. Lernen von den Besten. Da findet man Lösungen. Wenn ich immer nur auf die Fehler schaue oder auf die Versager, dann weiß ich, wie man es nicht macht. Ich hab aber noch überhaupt keine Ahnung, wie es geht. Das ist auch der Grund, warum Unternehmen mit einer ausgeprägten Fehlerorientierung zwar oft exzellent in der Organisation und im Controlling sind, aber innovativ einfach schwach.

Vorbilder dagegen können auch sehr schädlich für den Selbstwert sein. Dann, wenn sie unerreichbar sind. Einfach übergroß.

Die Medici haben Florenz zur Weltmacht geführt. Lorenzo di Medici hat im 15. Jahrhundert einen Höhepunkt in der Familiengeschichte gesetzt. Obwohl er nur 43 Jahre alt wurde. Sein Beinamen war Il Magnifico, der Prächtige. Sechs Kinder hatte er. Einer der Söhne wurde Papst Leo X. Kein wirklich gelungenes Pontifikat. Lorenzos Nachfolger in Florenz wurde sein Sohn Piero. Beiname der Unglückliche. Eine nette Umschreibung für das, was er in nur zwei Jahren, von 1492 bis 1494, an katastrophalem politischen Versagen geliefert hat. Die Florentiner haben ihn schließlich mitsamt seiner ganzen Familie aus der Stadt vertrieben.

Wenn du an einem Vatervorbild gemessen wirst, das Il Magnifico genannt wurde, kannst du an diesem Vorbild schon zerbrechen.

Rainer, was war dein Vater nochmal? Vorstand in einem der 50 größten Dax-Unternehmen? Vergleichst du dich mit ihm? Wirst du verglichen? Willst du seinen Spuren folgen oder deine eigenen ziehen?

Patrizia, ich weiß, dein Vater ist Unternehmer. Er hat sich immer einen Sohn gewünscht. Bekommen hat er dich. Und deine zwei Schwestern. Der Wunsch nach einem Sohn ist oft Vater vieler Töchter. Keine von euch drei hat es dem Alten wirklich recht machen können. Das wird auch so bleiben. Pfeif drauf. Hör auf, dem Alten beweisen zu wollen, dass du sehr wohl wertvoll bist. Der wird das nie verstehen. Hör aber auch auf, so werden zu wollen wie er.

Das waren jetzt ein paar der gefährlichsten Filter auf der Wahrnehmungsebene.

Wir hatten

Eigenlob stinkt!

Suche deine Fehler!

Vergleiche dich ständig und ziehe den Kürzeren.

Wenn Sie sich selbst mit diesen Filtern wahrnehmen, haben Sie schon auf der Wahrnehmungsebene Startschwierigkeiten zu Ihrem Selbstwert und Ihrer Selbstliebe.

Wenn Sie Lust haben, können Sie ja eigenverantwortlich weiter nachdenken, was sich da in Ihrer Wahrnehmungsfilterblase alles so angesammelt hat. Da gibt es möglicherweise noch anderen Psycho-Sondermüll. Bitte vorsichtig entsorgen. Umweltverträglich. Selbstverträglich. Nächstenverträglich.

Fassen wir unsere Selbstliebe-Filter auf der Wahrnehmungsebene zusammen.

WAHR(FALSCH)NEHMUNG

⇕

INTERPRETATION

(BEWERTEN/BEURTEILEN)

⇕

VERHALTEN

$$L_g = L_s + L_f$$

Liebe gesamt = Selbstliebe + Fremdliebe

$$L_s = ☹$$

Eigenlob stinkt!

Suche deine Fehler!

Vergleiche dich ständig und ziehe den Kürzeren.

$$\mathbf{L_s = ☺}$$

- ♥ **Nimm dich wohlwollend und positiv war!**
- ♥ **Schau auf das, was du kannst. Auf deine Stärken und Erfolge.**
- ♥ **Halte Ausschau nach dem, was dich weiterbringt.**

Pause. Ich brauche sie. Gelegenheit für die nächste Wien-Quiz Frage.

[WIEN-QUIZ] **Frage 6**

Welcher Fußballer hätte 1600 nicht in der Elf der Habsburger gespielt?

A. Andrés Iniesta (Spanien)
B. Arjen Robben (Niederlande)
C. Franck Ribéry (Frankreich)
D. Lionel Messi (Argentinien)

Auflösung kommt schon noch.

UNTERLIEBT ♥ Die Selbstliebeattacken auf der Interpretationsebene

WAHR(FALSCH)NEHMUNG

⇳

INTERPRETATION

(BEWERTEN/BEURTEILEN)

⇳

VERHALTEN

Was hat unser Alltime-Champion *Ich mache dich nieder* im großen Kampf um die Selbstliebe auf der Interpretationsebene noch eingesetzt? Da waren die folgenden Filter;

Das Gute ist doch selbstverständlich. Über das brauchen wir doch nicht reden.

Du bist ungenügend!

Harte Bandagen. Der Herausforderer hat da ein *Das Leben ist schön. Lächle!* entgegengesetzt.

Der erste von diesen zwei negativen Filtern ist besonders subtil. Der kommt nämlich nur zum Einsatz, wenn die Selbstliebe die Ebene der Wahrnehmung überlebt hat. Was ich nicht wahrnehme, darüber kann ich auch nicht sprechen. Das gibt es dann nicht. Eine nicht existierende Selbstliebe muss nicht mehr interpretiert, bewertet, abgewertet, verurteilt werden. Bleiben wir bei unserer Liebenswert-Übung. Wenn Ihnen Ihre

5 Gründe nicht eingefallen sind oder Sie sich dafür geschämt haben, es Ihnen also peinlich war, dann braucht niemand Ihren Selbstwert attackieren. Da ist nichts zum Attackieren. Sie haben Ihren Selbstwert dann schon selbst zur Strecke gebracht. Wenn Sie es aber schaffen, diese 5 Gründe und noch einige Dutzend mehr anzuführen, dann wächst Ihr Selbstwert. Genau das kann man mit dem Filter *Das Gute ist doch selbstverständlich. Über das brauchen wir doch nicht reden* abfangen. Ihr Gutes wird auf der Interpretationsebene ausgeblendet, totgeschwiegen. Weginterpretiert. Es wird für nichtig erklärt. Damit haben wir das zarte Pflänzchen Selbstwert und Selbstliebe von der Wahrnehmungsebene wieder abrasiert. Rainer, jetzt bitte nicht. Das Prinzip gilt nicht nur für die Liebenswert-Übung. Das gilt auch für die Was-hast-du-gut gemacht-Übung. Auch Leistungen werden als selbstverständlich hingestellt und interpretiert.

In vielen Unternehmen kommt der Filter *Das Gute ist doch selbstverständlich* in der Führungsfloskel daher: »Wofür soll ich Sie denn da loben. Das ist doch Ihr Job! Dafür werden Sie bezahlt. Raus aus meinem Büro!« Alles, was gut ist, wird als nicht beredenswert interpretiert. Es gilt nicht.

Wie soll man da zu einem Erfolgserlebnis kommen? Wie soll da das Selbstvertrauen wachsen? Ist euch schon einmal aufgefallen, dass wir uns sehr oft schwer tun mit Applaus, in welcher Form auch immer? Da gibt jemand in einer Firma sein Bestes. Er präsentiert irgendetwas. Dann kommt er zum Ende. Und es passiert – nichts. Woraufhin der- oder diejenige oft wieder von vorne zu reden anfängt, weil er oder sie glaubt, dass Publikum nicht aufgepasst hat oder in seinen geistigen Fähigkeiten beschränkt ist. Auch in unseren ganz normalen Dialogen hängen sich Menschen immer wieder in diese Wiederholungsschleife.

Ist Ihnen das auch schon passiert? Weil Ihre Zuhörer einfach durch gar nichts zu erkennen gaben, dass sie aufgepasst haben und dass ihnen das gut gefallen hat? Eben so, als wäre es nie gesagt worden oder nicht wert, kommentiert zu werden. Wir bewegen uns sehr oft auf der Sibirischen Wiese statt im Superbowl-Stadion zu spielen. Keiner klatscht, keiner applaudiert, keiner bestätigt.

Das verunsichert Menschen total. Das ist ja auch die Absicht. Deshalb gehen die meisten schon in Ihren Formulierungen in die Defensive. »Was haben Sie in den letzten drei Monaten zum Firmenerfolg beigetragen?« – »Ja, wir haben vielleicht mit unserem Projekt ein bisschen Aber das ist für uns ganz normal.«

Was sind da die Selbstwertkiller?

Patrizia, du sagst *vielleicht, ein bisschen, normal.*

Da brauche ich die anderen nicht mehr fragen. Du hast sie alle erkannt. Abschwächungen, Niedermachen des eigenen Erfolges. Wir sind eben eine Problemgesellschaft. Wir sind keine Erfolgsgesellschaft. Wer hat da eigentlich Angst vor unserer kollektiven Stärke? Oder muss es weh tun, damit wir Opfer sein können?

Ein Zitat von Steve de Shazar, einem amerikanischer Psychotherapeuten und Autor. Er entwickelte gemeinsam mit seiner Frau Insoo Kim Berg die lösungsorientierte Kurzzeittherapie.

Reden über Problem lässt die Probleme wachsen. Reden über die Lösungen lässt die Lösungen wachsen.

Wenn Sie in Ihrer Firma alle zwei Minuten das Wort Problem hören, bekommen Sie unweigerlich den Eindruck, dass nichts funktioniert und Sie in einem Krisenunternehmen unterwegs sind. Kennen Sie das in ähnlicher Form? Täglich werden 12.000 Paletten ausgeliefert. An über 1.000 Filialen. Die acht Paletten, die fehlversendet werden, sind oft ein Riesenthema. Da wird dann der Schuldige gesucht, im Regelfall die andere Abteilung. Welche auch immer. Was ist mit den anderen 11.992 Paletten? Genau. Die sind selbstverständlich, dafür werden die Leute ja bezahlt. Ein Unternehmen, in dem ständig nur über Probleme gesprochen wird, erzeugt entweder ein Unfähigkeitsempfinden oder eine Leidenskultur.

Wie machen Sie das in Ihrem Leben? Wie interpretieren Sie sich selbst? Sind Sie eher der Problemtyp oder können Sie gut mit *Das Leben ist schön!*, dem Filter des Herausforderers?

Welches Selbstbild haben Sie von sich? Tut Ihnen das gut? Wenn nicht, dann ändern Sie es. Es gibt genug Möglichkeiten, Sie legen nur den Fokus ständig auf die Probleme.

Vielleicht wurde Ihnen aber auch schon zu oft gesagt, dass Sie ein Problem sind. Was ich Ihnen garantiere, auch wenn ich Sie in Ihrer Anonymität nicht kenne, ist, dass Sie kein Problem sind. Sie haben vielleicht nur ein paar. Hilft diese Betrachtungsweise schon ein bisschen? Öffnet sich da Spielraum für einen Perspektivenwechsel?

Ich erzähle Ihnen jetzt eines meiner schönsten Erlebnisse.

Einer meiner besten Freunde war in Hawaii. Ein Universitätsprofessor für Wirtschafsinformatik. Der hat sich dort eine Lomi Lomi Massage gegönnt. Er war begeistert und hat sie mir wärmstens empfohlen. Ich hab so eine Lomi Lomi Massage bei uns im Waldviertel genossen. Das ist eh ein bisschen wie Hawaii. Nur ohne Meer und mit anderen Pflanzen. Die Menschen schauen auch ganz anders aus und das Wetter ist auf Hawaii netter. Aber sonst ist das Waldviertel ident mit Hawaii. Auf so eine Lomi Lomi Massage kannst du süchtig werden. Ein fantastisches Körpergefühl. Die Masseuse, nein, das war schon fast ein Engel, hat mir immer wieder zugeflüstert, eher zugeweht wie der Meereswind: »Aloha Eugen. Du bist die Liebe, du bist das Leben, du bist der Sinn.« Wow! Ich kann das nicht beschreiben. Das war zu schön, zu groß, zu stark. Meine Selbstliebe wuchs und wuchs und vereinigte sich mit den Elementen. Der Wind blies sie auf und sie zog übers Meer. Durch Wälder und über Berge. Das war einfach nur schön.

Ich sag mir das jetzt immer wieder selbst, mit einem Strahlen: »Aloha Eugen. Du bist die Liebe, du bist das Leben, du bist der Sinn.« Dazu lächle ich. Das ist eine meiner schönsten

Selbstinterpretationen. Da geht es mir großartig. Auch weil in Aloha ein H vorkommt. So wie in Prehsler.

Und Rainer, vergiss nicht: Diesen esoterischen Idiotentipp hab ich von einem Professor für Wirtschaftsinformatik bekommen.

Aloha bedeutet in etwa »Liebe«, »Zuneigung«, »Nächstenliebe« oder auch »Mitgefühl«. Die in Hawaii grüßen einander damit. Auch wenn sie nicht bekifft sind. Die sind dort auch anders drauf als wir.

Liebe Leserin, lieber Leser. Was wären Sie lieber?

A. Ein ständiges Problem
B. Die Liebe, das Leben, der Sinn
C. Weiß nicht

Zurück aus Hawaii, eine Frage an alle Männer. Tut ihr euch auch oft schwer, Frauen ein Kompliment zu machen? Ich meine jetzt nicht, eines auszusprechen. Sondern dass die Frauen das Kompliment auch annehmen. Passiert euch das auch immer wieder, dass Frauen abweisend reagieren? Es geht da jetzt nicht um irgendwelche Macho-Anmachsprüche. Das sind ja auch keine Komplimente. Sondern um wirklich lieb gemeinte Anerkennung. Der Grund hierfür liegt oft im nächsten Filter.

Du bist ungenügend!

Und die meisten Frauen glauben das. Viele Männer auch. Viele Männer sind das auch. Nach Ansicht der Frauen.

Ich möchte jetzt aber speziell etwas für meine Leserinnen schreiben. Weil Sie, liebe Leserin, das von sich selbst glauben, können sie eben keine Anerkennung annehmen. Die übliche Reaktion: »Was will der von mir?«. Die ist mir hier jetzt egal. Die nächste ist aber wichtig: »Der meint das ja gar nicht so. Ich bin ja gar nicht so gut, schön, lieb. Was auch immer.«

Viele der Frauen, denen ich in meinem Leben privat oder beruflich begegnen durfte, litten und leiden unter einem Perfektionsdruck. Bei manchen ist es sogar ein Perfektionszwang. Sie wollen alles immer perfekt und richtig machen. Deshalb lesen manche Frauen auch einen Lebensratgeber nach dem anderen. Zu leben anzufangen, dazu fehlt ihnen der Mut. Weil sie sich dafür noch nicht gut genug, stark genug fühlen. Eben ungenügend sind fürs Leben. Das ist schon sehr heftig. Meine Damen, das Leben gehört gelebt, nicht gelesen. Was hilft es mir, wenn ich endlich weiß, wie Leben geht, aber dann tot bin? Kann man übrigens tot sein ohne Ratgeber?

Dieser Perfektionsdruck macht viele Frauen zu Opfern der Emanzipation. Endlich können sie alles sein und alles werden. Karrierefrau, Mutter, Hausfrau, Partnerin, wunderschön, Liebhaberin und natürlich auch noch sie selbst. Die große weibliche Selbstverwirklichung ist losgebrochen. Gefährlich ist nur, dass sie das nicht nur sein können, sondern jetzt müssen Frauen das sogar sein. Ein wahnsinniger Leistungsdruck. Es wird von ihnen erwartet. Oder sie erwarten das von sich selbst. Wenn Sie als Frau da mit Perfektionismus reingehen, sind Sie erledigt. Es geht sich schlichtweg nicht aus. Das schafft niemand. So multitaskingfähig können Sie gar nicht sein. Fatal ist hier der Wahrnehmungsfilter des Vergleiches. Ständig werden ja Superfrauen angeboten, die das offensichtlich doch schaffen. Nur ist das eine große Lüge. Die schaffen das auch nicht. Alle diese Rollen brauchen Zeit. Mehr Zeit, als wir dafür haben. Liebe Damen, übernehmt euch nicht. Geht es lockerer an. Das genügt meistens vollauf.

Wie Sie mittlerweile wissen, habe ich vier Kinder. Ich möchte kein perfekter Vater sein. Mir reicht schon eine gute 6 oder 7 auf der 10er-Skala für mein Vatersein. Da bin ich dann schon zufrieden. Ich bräuchte ja schon allein vier Leben, um überhaupt zu definieren, was ein perfekter Vater ist. Auf so viele Reinkarnationen können und wollen meine derzeitigen Kinder nicht warten. Was hätten sie denn auch von meiner Erkenntnis? Sie wären ja dann schon tot. Ich kann als Vater nicht fehlerfrei sein. Ich habe so viele Fehler gemacht. Manche davon waren vermeidbar, viele aber nicht. Und? Ich habe mich mit Hilfe meiner Kinder und meiner Frau weiterentwickelt und tue das noch immer. Dafür muss ich bereit sein, mich selbst in Frage zu stellen und mich in Frage stellen zu lassen. Das funktioniert sehr gut. Wenn nicht gerade mein Selbstwert im Keller ist. Dann blocke ich Kritik ab. Woran ich merke, dass ich ein guter Vater bin? Meine Kinder sagen mir das. Sie sagen es auch, wenn ich es gerade ihrer Meinung nach nicht bin. Das ist ein sehr leichter, sehr schöner Prozess.

Liebe Leserin, liebe Patrizia, liebe Claudia. Hört auf, perfekt sein zu wollen! Die Gesellschaft als Ganzes spielt noch immer ein sehr ungutes Spiel mit den Frauen. Wobei nicht einmal wir Männer das Hauptproblem sind. Frauen sind sich selbst die größten Feinde. In den meisten westlichen Ländern gibt es mehr Wählerinnen als Wähler. Trotzdem gibt es kaum weiblichen Regierungschefs. Die Welt wird zu stark von Männer dominiert, findet ihr? Dann wählt uns ab! Hört auf, Opfer zu sein, und geht in die Eigenverantwortung. Wir Männer werden nicht freiwillig unsere Privilegien abgeben. So mancher von uns stirbt noch immer im Schnitt lieber sieben Jahre früher als seine Frau, als einmal den Müll rauszutragen.

Rainer, Peter, Rudi. Was macht ihr hier in diesem Kapitel? Das ist nur für Frauen. Habt ihr die Überschrift nicht verstanden? Es war mir aber eh klar, dass ihr gerade dieses Kapitel lest. Auf Neugier ist Verlass. Gier funktioniert immer. Geduld, Geduld. Bis zum nächsten Kapitel. Da dürft ihr wieder mitreden. Hier in diesem Kapitel habt ihr keine Sprechrolle. Lesen dürft ihr schon.

Meine lieben Leserinnen. Ich habe ein sehr großes Interesse, dass unsere Frauen ... ups. Fehler. Dass ihr Frauen, ihr gehört uns ja nicht, endlich euren Psychomüll überwindet. Ich glaube nämlich, dass dann die Welt noch viel schöner werden kann und unsere Beziehungen leichter.

Ihr bezaubernden Wesen, habt als Mütter nicht ständig ein schlechtes Gewissen, dass ihr zu wenig Zeit für eure Kinder habt. Solange euch eure Kinder lieben und gerne mit euch zusammen sind, passt das schon. Eine solide 6 oder 7 auf der Skala. Wenn ihr wirklich auf Dauer zu wenig Zeit habt für eure Kinder, müsst ihr das ändern oder eben keine Kinder in die Welt setzen. Kinder brauchen schon Zeit. Viel Zeit. 10 Minuten jeden Abend schnell ins Bett gebracht, ist definitiv zu wenig. Aber es ist auch nicht notwendig, dass ihr ständig für den Nachwuchs verfügbar seid. Manchmal will der eh allein sein. Das braucht er sogar.

Hört auf, euch dem Schönheitswahnsinn hinzugeben. Macht das Schönste aus eurem Typ, aber verkrampft euch nicht, wenn ihr nicht zur schönsten Frau des Jahres gewählt werdet. Das ist nur eine von euch und die Chancen, dass ihr das werdet, sind sehr gering.

Ich bin ja auch eitel. Die, die mich persönlich kennen, können sich das gar nicht vorstellen. Aber ich werde nie die Attraktivität eines George Clooney haben. Wenn ich ein Kaffeehaus betrete, wechseln die anwesenden Frauen in den seltensten Fällen ihren Verhaltensmodus. Und? Ist so. Ich bin hässlicher als George, verdiene viel weniger als er, bin viel unbekannter. Sonst bin ich aber tadellos. Mein Leben ist schön. Georges Leben auch. Fein. Ich mag ihn. Er kennt mich nicht. Eine harmonische Beziehung.

Nehmt die Perfektion auch aus den anderen Bereichen eures Lebens. Die Latte ist sonst viel zu hoch. Unerreichbar. Ihr verurteilt euch von vorn herein zum Scheitern. Das ist gar nicht gut für eure Selbstliebe. Wenn ihr an eurem Perfektionismus zerbrecht, schwindet euer Lächeln. Das lieben wir aber gerade so an euch.

Liebe Leserin, ich möchte nicht zu sehr in das Beziehungsthema einsteigen. Auch wenn es eines der größten Liebesthemen ist. Ich gestehe Ihnen, dass ich Beziehung nämlich nicht gut kann. Ich übe jetzt zwar schon 38 Jahre, aber die Fortschritte sind überschaubar. Als Coach bin ich wirklich gut. Eine Vespa. Als Ehemann eher nur so Mittelklasse. Ein schwarzer Golf.

Eine kleine persönliche Hommage an Sie, meine Leserin. Und an Patrizia und Claudia. Meine Frau darf ich auch nicht vergessen. Sonst ist die wieder böse. Also auch an Ulli.

Wir Männer können mit euch Frauen nicht leben. Ohne euch aber auch nicht. Mit euch ist es aber schöner. Ulli, ich freue mich auf die nächsten 20 Jahre mit dir.

Wobei, ehrlich gesagt, meine Damen »Bis der Tod euch scheidet« war früher schon eine überschaubarere Dauer. Kindbettfieber auf der einen Seite, Kreuzzüge auf der anderen. Die Pest, andere Krankheiten und Hunger. Die paar Jahre waren wohl leicht auszuhalten. Heute kann »Bis der Tod euch scheidet« schon ganz schön lang sein. Eine kleine Ewigkeit vor dem Tod.

Jetzt holen wir die Männer wieder dazu, okay?

Zurück zum *Du bist ungenügend*-Filter.

Der Filter wird uns in ganz bösen Ausprägungen in unsere Filterblase und damit in unser Leben gesetzt.

Du wirst nie etwas erreichen.

Du wirst das nie schaffen.

Du bist immer zu dumm.

Nie kann man sich auf dich verlassen.

Nie und *immer*. Fest geschrieben auf alle Zeiten. Wenn Sie sich das einreden lassen und glauben, können Sie ein Beserl und ein Schauferl nehmen und Ihren Selbstwert zusammenkehren und in den Mistkübel leeren.

Ich mach immer alles falsch. Mir gelingt nie etwas. Ich bin zu allem zu dumm.

Superinterpretation des Selbst. Da können Sie sich nicht einmal aufhängen, weil Sie dafür ja auch zu dumm sind. Immerhin ein Vorteil.

Oder Sie gehen in den Gegenbeweis. Dir werde ich es zeigen! Ich kann das doch. Manche von uns wollen ihr ganzes Leben jemandem etwas beweisen. Es gelingt nur selten. Weil es völlig egal ist, was wir alles beweisen. Für den Adressat unseres Beweises ist es nie genug.

Mir hat einmal jemand gesagt, dass ich in meinem Leben nie in einem Jahr 500.000 Euro verdienen werde. Zum Glück bin ich rechtzeitig darauf gekommen, dass ich die gar nicht brauche. Aber am Anfang hat mich das schon sehr gewurmt und ich wollte auch den Gegenbeweis antreten. Da habe ich Fernostimporte gemacht. Von Kinderarbeit gelebt. Zu meiner Verteidigung kann ich sagen, ich hab das damals nicht gewusst. Dieses Phänomen des Nicht-Wissens kennen wir ja von anderen. Derjenige ist übrigens mit seinem Privatflugzeug abgestürzt. Auf einem Flug nach Spanien. Dort wollte er im Riojagebiet in einem Toplokal, wo man Monate im Voraus reservieren muss, speisen und ein paar Weine kaufen. Oder vielleicht auch ein ganzes Weingut. Weiß ich nicht. Aber ich schwöre, ich hab ihm das nicht gewünscht.

Einen hab ich noch. Speziell für Patrizia und alle Frauen, denen er angetan wurde.

Wir wünschten uns einen Sohn. Aber dann kamst du.

Besser geht es gar nicht mehr, oder? Ich kenne Frauen, die wollen dann der bessere Sohn werden. Die werden dann für die Männer oft so Kumpeltypen. Dann sitzen sie bei mir und weinen, weil kein Mann eine Beziehung mit ihnen eingehen will. Sex ja. Aber Beziehung nein. Zumindest halten die nicht lange.

Patrizia, wir wissen, dass es dir und deinen beiden Schwestern so ergangen ist. Eine deiner Schwestern ist so ein typischer weiblicher Kumpel geworden. Der geht es nicht gut damit. Du gehst einen anderen Weg. Du nimmst deine Weiblichkeit an. Du pflegst sie. Das machst du ausgezeichnet. Ich danke dir dafür, dass du mir gefällst. Schönheit in meinem Leben ist mir wichtig.

Ich liebe meine Töchter. Sie bereichern mein Leben in einer Großartigkeit, die ich gar nicht in Worte fassen kann. Meine Söhne liebe ich auch. Die müssen sich aber erst einmal beweisen.

Du bist ungenügend! Ich hasse diesen Filter. Wir haben ein paar in diesem Filter wurzelnde Beispiele kennengelernt. Ihre eigenen kennen Sie selbst. Die tun extrem weh.

Noch etwas. Die Werbung setzt diesen Filter ständig. Dazu kommen wir noch.

Fassen wir unsere Selbstliebe-Filter auf der Interpretationsebene zusammen.

WAHR(FALSCH)NEHMUNG

⇕

INTERPRETATION

(BEWERTEN/BEURTEILEN)

⇕

VERHALTEN

$$L_g = L_s + L_f$$

Liebe gesamt = Selbstliebe + Fremdliebe

$$L_s = ☹$$

Das Gute ist doch selbstverständlich.

Du bist ungenügend!

$$\mathbf{L_s = ☺}$$

♥ Rede mehr über das Gute als über Probleme!

♥ Du passt schon und bist liebenswert.

Wie wir unsere Wahrnehmungen interpretieren, ist nicht immer gleich und hängt von unserer eigenen Befindlichkeit ab. Das möchte ich Ihnen anhand einer Geschichte aus dem Hause Prehsler – Prehsler mit H und S, nicht vergessen! – demonstrieren.

Meine Frau hat so ein wunderbares Talent, aus unserem Haus einen Ort der Geborgenheit, des Wohlbefindens und der Schönheit zu machen. Sie schneidet zum Beispiel von unseren Lavendelsträuchern im Garten die Blüten ab und bindet sie zu so kleinen Sträußchen. Das kennen Sie sicher. Die hängt sie dann mit den Blüten nach unten auf die Fenstergriffe. Gut. Dann komme ich nach Hause.

Erste Version. Ich bin nicht gut drauf. Mein Tag war eher bescheiden. Ich bin mit mir und der Welt unzufrieden und muss mich abreagieren. Klassisches Symptom der Unterliebe. Statt eines liebevollen Grußes pfauche ich meine Frau an:

»Wie oft soll ich dir noch sagen, dass ich diese kitschigen Sträußchen an den Fenstergriffen nicht aushalte! Ein Fenster ist zum Öffnen da und ich will nicht, dass jedes Mal, wenn ich den Griff angreife, diese blöden Samen da runterrieseln und du mir dann auch noch sagst, ich soll nicht schon wieder so einen Dreck machen. Wirklich. Mein Tag war hart genug.«

Sie kennen solche Situationen vielleicht von sich selbst. *Mein Tag war hart genug* ist übrigens nichts anderes als das Winseln um Anerkennung, Zuwendung und natürlich Mitleid.

Da opferst du dich für deine Frau und die dankt dir das mit diesen komischen Blumen.

Wenn meine Frau im Lebensmodus »gut und stabil« verweilt, dann denkt sie sich einfach nur: »Puh. Heute ist er wieder echt gut drauf. Hoffentlich hat er noch etwas zu arbeiten.« Wenn sich meine Frau aber auch gerade in einer Lebensschieflage befindet, dann geht sie entweder in den Gegenangriff. Zwei Unterliebte treffen aufeinander. »Und wieso hast du noch immer nicht dein Milchpackerl entsorgt, das schon seit Wochen im Kühlschrank vor sich hingammelt?!« Das endet bei »Du bist wie deine Mutter!«, gekontert mit: »Und du wie dein Vater!«. Das ist schon eine ziemlich hohe Eskalationsstufe im ehelichen Konfliktspektrum. Momentan bin ich da im Vorteil, weil mein Vater ja gerade gestorben ist. Somit ist das Thema irgendwie in der Schonzeit. Es kann aber auch sein, dass sie einfach gekränkt abdreht und mir aus dem Wege geht. Kein sehr liebevolles Setting im Hause Prehsler. Ich hab dann oft das schlechte Beziehungsgewissen. Ich weiß ja, dass das nicht gut war, was ich da gemacht habe.

Zweite Version. Ich bin in Höchstform. Das Leben ist gerade gut zu mir und mein Tag war wunderbar. In liebevollem Ton wende ich meiner Ulli zu: »Hallo mein Schatz! Ich hatte einen wunderbaren Tag. Wie geht es dir?« Mit einem schönen Begrüßungsbussi. Einem wirklich gespürten, nicht nur so ein ritualisiert hingespucktes. Dann entdecke ich die Lavendelsträußchen. »Jööö. Du hast die Lavendelsträußchen wieder aufgehängt. Wie schön. Diese Farbe, dieser Geruch. Das erinnert mich an unseren Urlaub vor drei Jahren in der Provence. An diese wunderbaren Lavendelfelder bei Senanque. Weißt du noch? Danach haben wir in diesem kleinen Bistro diese vorzügliche Ratatouille gegessen. Das war echt schön!« Das kann ein wunderbarer Abend werden. Wir öffnen dann vielleicht eine schöne Flasche Bandol. Das ist ein herrlicher Roter aus einem ganz vorzüglichen, kleinen Weinbaugebiet da unten in Südfrankreich. Dazu ein paar korsische Würste. Mit diesem unglaublichen Aroma der Macchie. Da hat die Unterliebe Pause. Das wird ein romantischer Abend.

Was will ich Ihnen mit dieser Geschichte sagen? Das Lavendelsträußchen ist in beiden Geschichten ein und dasselbe. Ich bin der, der den Unterschied macht. Ja, so einfach ist das. Es ist eine Frage meines eigenen Willens. In der ersten Version bin ich schlicht unterliebt und will geliebt werden. Das will ich bewirken. Leider mit völlig untauglichen Mitteln. Vielleicht will ich ja auch nur bemitleidet werden. Nicht einmal das gelingt mir. In der zweiten Version will ich lieben. Meine starke Selbstliebe auch meiner Frau zukommen lassen. Ich will bewirken, dass es auch meiner Frau gut geht. Ich will, dass sie mir ihr Lächeln schenkt.

Liebe deine Nächste wie dich selbst. Hier in zwei Versionen.

Welche Wirkung wollen wir erzielen? Sind unsere Mittel und Wege dafür die richtigen?

Claudia, du willst endlich von Kräutertee auf Weißwein wechseln? Von mir aus. Schenk dir einen ein. Einen schönen steirischen Chardonnay oder Sämling. Aber nicht übertreiben!

Für die anderen habe ich zur Überbrückung wieder eine Wein-Quiz Frage. Ups. Wien-Quiz Frage.

[WIEN-QUIZ] **Frage 7**

Wer oder was waren die türkischen Janitscharen?

A. Eine berühmte Kaffeebohnensorte
B. Eine türkische Spezialeinheit im Heer
C. Tänzerinnen des Sultans
D. Heuschreckenschwärme vom Berge Janit

Auflösung kommt schon noch.

UNTERLIEBT ♥ Die Selbstliebeattacken auf der Verhaltensebene

Fehlt noch die dritte Ebene. Das Verhalten.

WAHR(FALSCH)NEHMUNG

⇕

INTERPRETATION

(BEWERTEN/BEURTEILEN)

⇕

VERHALTEN

Was hat unser Champion *Ich mache dich nieder* im großen Kampf um die Selbstliebe auf der Verhaltensebene eingesetzt? Da war einmal der *Was werden die Nachbarn sagen!*-Filter.

Kennen Sie den? Nein? Vielleicht kennen Sie ihn nur anders formuliert. *Was werden die anderen sagen?* Den kennen Sie schon. Denke ich mir.

Dieser Filter ist grundsätzlich gut, weil wir ihn zum Überleben brauchen. Wir sind nun mal soziale Wesen und Herdentiere. Wir haben einen ausgeprägten Herdentrieb. Wir möchten zu einer Herde dazu gehören. Alleine hätten die wenigsten von uns Überlebenschancen. Schon in den Anfängen der Menschheit war das Schlimmste, was uns passieren konnte, von der Herde ausgestoßen zu werden. Ganz allein da draußen im Dunkel all den Gefahren ausgesetzt werden. Das war viel schlimmer als der sofortige Tod. Exkommunikation, das Ausstoßen aus der Kommune, der Herde ist nicht nur im Kirchenrecht eine der Höchststrafen, sondern eine weit verbreitete Sanktion für unerwünschtes Verhalten. Wir werden freigesetzt. Damit die Herde funktioniert, müssen wir uns mit den anderen abstimmen. Die Herde bedarf auch der Führung. Jemand muss den Leithammel machen. Die Herde ist auch wesentlicher Teil unserer Identität und damit unseres Selbsts. Eine gemeinsame Identität wird durch gemeinsame Merkmale, Rituale und Codes definiert.

1492 nach Abschluss der Reconquista, der Rückeroberung Spaniens, haben sich die spanischen Könige überlegt, was denn eine Nation, die Herde der Spanier ausmacht. Was sie vereint. Die haben damals angefangen mit der gemeinsamen Sprache und Religion. Jede Nation, jede Firma, jede Kirche, jeder Verein, jede politische Gesinnung hat ihre eigenen Kennzeichen, Rituale und Regeln.

Der Begriff Dresscode ist bekannt, nehme ich an. Dresscodes sind Paradebeispiele für Herdenmerkmale. Sie heißen ja schon so. Sie bieten einen Code, ob jemand dazu gehört oder nicht. Dresscodes sind Erkennungsmerkmale. Business, Casual, Smart Casual. Waren Sie auch schon einmal richtig under- oder overdressed? Das ist schon peinlich. Die Burka ist auch ein Dresscode. Genauso wie das betonte zur Schau stellen der weiblichen sexuellen Reize in unserer Gesellschaft. Es hat gerade bei »Germany's Next Topmodel« einen Eklat gegeben. Da mussten sich die Mädchen im Bikini mit Zuckersirup übergießen lassen. Geil. Eine der Teilnehmerinnen hat gewagt zu fragen: »Warum?« Keine gute Frage. Die wurde gleich aus der Herde des geilen Frischfleisches ausgeschlossen.

Rainer, du hast eine zu unserem Thema passende Geschichte? Erzähl.

Dir ist eine nette Geschichte passiert. Du hattest einmal das Glück, in Barcelona *Il Classico* live sehen zu können. Für jene, die keine Ahnung haben, worüber Rainer hier redet. Il Classico wird das Aufeinandertreffen zwischen den beiden Fußballclubs Real Madrid und FC Barcelona genannt. Dafür Karten zu bekommen ist fast nicht möglich. Wie hast du das geschafft, Rainer? Deine Firma hat ihre Beziehungen spielen lassen. Zu zweit seid ihr als Barcelonafans mit Barcelona-Schals und Barcelona-Fahnen ins Nou Camp Stadion gegangen. Und dann blöderweise im Real Madrid-Sektor gesessen. Die ganz falsche Herde. Da ward ihr sicher sehr schnell im *Nur nicht unangenehm auffallen*-Modus, nehme ich an. Nach wenigen Minuten wart ihr zu glühenden Real-Fans geworden. Zum Glück hat Barcelona trotzdem 2:0 gewonnen. Eurer Freude darüber habt ihr aber erst außerhalb des Stadions freien Lauf gelassen.

Danke, Rainer. Diese Geschichte hat fast alles, worum es geht. Wir passen unser Verhalten der Herde an. Ich bin übrigens auch Barca-Fan. Ich habe das 7:1 von Barcelona gegen Dortmund im Camp Nou gesehen.

Nur nicht unangenehm auffallen, ist die Devise. Dann fällt man vielleicht gar nicht mehr auf. Was tun wir nicht alles, um anderen zu gefallen? Damit wir nicht exkommuniziert werden. Wie oft ist uns die Fremdanerkennung wichtiger als die Selbstanerkennung? Wie oft stellen wir unsere eigenen Wünsche und Bedürfnisse und Träume zurück, nur um dazu zu gehören? Um Anerkennung und Liebe von anderen zu bekommen? Befragungen von Menschen kurz vor dem Tod, was diese Menschen gerne anders in ihrem Leben gemacht hätten, führen fast immer zu der folgenden Antwort: »Ich hätte mehr auf mich und das, was ich will, schauen sollen.«

Damit sind wir wieder bei unserer Formel

$$L_g = L_s + L_f$$

Liebe gesamt = Selbstliebe + Fremdliebe

Wenn dein Selbstwert und deine Selbstliebe gering sind, bist du umso stärker abhängig von der Anerkennung und der Liebe der anderen. Die Herde bestimmt deinen Willen und dich.

Rainer hat in seiner Geschichte einen wunderbaren Satz gesagt. Der eigenen Freude freien Lauf lassen. Wie oft machen wir das wirklich? In einer Gesellschaftsherde, wo Freude und Mit-Freude einen geringeren Stellenwert haben als Leid und Mit-Leid? Wie viele Orte und Gelegenheiten kennen Sie, wo Lachen verpönt ist? Böse oder traurig zu schauen ist fast überall erlaubt. Wer von euch hat manchmal oder oft solche Gedanken:

Das kann man doch nicht ...

Wie schaut denn das aus ...

Das ist ja urpeinlich ...

Wer von euch schämt sich oft? Für sich selbst und für andere. Fremdschämen.

Zwei 70-jährige im Park schmusen freud- und lustvoll miteinander. Igitt. Das tut man doch nicht! Urpeinlich. Man zeigt doch in der Öffentlichkeit keine Zärtlichkeit. Manche zeigen die ja nicht einmal daheim dem eigenen Partner.

Wer von euch hat in seiner Kindheit und Jugend immer wieder gehört: »Mach uns keine Schande!«. Das ist ja oft das eigentliche Problem, wenn ein Kind einmal eine schlechte Note heimbringt. Es macht Schande. Der Familie. Seit 17 Generationen nur Deppen. Jetzt haben alle gehofft, dass der Bub oder das Mädchen diese Tradition durchbricht. Wieder nichts. Genau so dumm wie seine Eltern. Genetisch bedingt.

Peter, du bist momentan nicht ganz rund. Was ist los mit dir? Du hast ein Erlebnis, dass du los werden willst. Wir hören zu.

Du hattest einen Freund. Den Rudolf. Der war zwei Jahre vermisst. Dann haben sie ihn gefunden. In einem Wald am Apennin. Unter einer alten, knorrigen Edelkastanie. Identifiziert wurde er aufgrund seiner Bankomatkarte. 18 Jahre ist der Bursche alt geworden. Beim Begräbnis war eines der

Hauptthemen die Frage, wie er das seinen Eltern antun konnte. Diese Schande.

Puh. Heftige Geschichte. Diese Schande. Frägt sich nur, wer da wem was angetan hat und wer sich da schämen sollte.

Peter, geht's? Ja? Okay, dann mache ich weiter.

Viele dieser Filter, viele dieser ganzen *Man tut/Man tut nicht!*-Regeln sind Fischbeine im Korsett des Entfreuens. Sie verhindern den freien Lauf unserer Freude. Sie spritzen uns psychologisch nieder. Sie schwächen unsere Lebensfreude, unseren Selbstwert, unseren eigenen Willen und unsere Selbstliebe.

Rudi, na klar muss eine gewisse Ordnung sein. Sonst können wir eben nicht miteinander leben. Nicht jeder und jede kann immer machen, was sie oder er will. Trotzdem appelliere ich an Sie, liebe Leserin und lieber Leser und an euch, immer wieder zu hinterfragen, was wir da eigentlich machen und wieso?

Rudi, ein ganz banales Beispiel. Ich kehre zurück zur Vorwortgeschichte, dem Workshop im Oktober 1998 in der Steiermark. Alle anderen Workshops seit damals hatten übrigens die gleichen eigenartigen Symptome.

Erwachsene Menschen sitzen acht Stunden in einem Raum. Brav. Das haben sie so gelernt. Sie warten auch darauf, dass der Herr Lehrer ihnen erlaubt, aufs Klo zu gehen, oder sie zu einer Gruppenarbeit rausschickt. Da können sie dann ihre Wirbelsäule ein wenig entlasten. Die tut nämlich den meisten schon nach einer Stunde weh. Sie bleiben aber sitzen.

Man steht während eines Workshops nicht einfach auf. Da hat man lieber Schmerzen. Die verhindern auch das konzentrierte Zuhören. Aber Zuhören tut man in unserer Gesellschaft eh nicht. In meinen Workshops fordere ich die Teilnehmer auf, auf sich zu schauen. Dazu gehört auch, dass sie einfach aufstehen und herum gehen, wenn es ihnen gut tut. Ich mach das ja auch.

Genauso gibt es diese eigenartige Tradition, dass die Pausengetränke und -speisen immer außerhalb des Seminarraums angerichtet werden. Das ist doch Energie, die wir drinnen brauchen. Rein mit den Energiebringern in den Workshopraum. Nein, Rudi, die Arbeit wird durch das Herumgehen und das Essen im Seminarraum nicht beeinträchtigt. Im Gegenteil. Die Ergebnisse sind einfach besser. Weil es den Menschen gut geht.

Rudi, unser Leben ist voll von absurden Regeln aus längst vergangenen Zeiten. Die werden nur nicht aus unseren Leben rausgeräumt. Das ist wie in der Wirtschaft. In jedem Unternehmen gibt es irgendwelche Berichte, die keiner mehr liest, die aber noch immer erstellt werden. Weil niemand diesen Bericht widerruft.

Apropos brav.

Ich habe bei der Superbowl-Geschichte geschrieben, dass die Amis ihre Hymne singen.

The land of the free and the home of the brave. Das englische *brave* hat zwar denselben Stamm wie unser *brav.* Es bedeutet aber etwas ganz anderes.

Unser *brav* bedeutet gehorsam, zahm, fügsam, nicht frech, keusch, einfältig, harmlos, sauber, kleinkariert, folgsam, angepasst, abgerichtet. So wollen wir, dass unsere Kinder sind. Brav eben. Das ist eher kein Dünger für das zarte Pflänzchen des kindlichen Selbstwertes. Diese Dörrgewächse tun sich dann auch mit der Selbstliebe schwer.

Im Englischen schaut es so aus.

brave (Adjektiv)	mutig, tapfer, heldenhaft, tüchtig, unerschrocken, stattlich
to brave	trotzen, standhalten, herausfordern
brave man	mutiger Mann

Das klingt anders. Das klingt nach Bravehearts. Mutige Herzen bringen den Selbstwert und die Selbstliebe zum Erblühen. Die trotzen aber auch und fordern heraus. Wer will das schon?

Wir wollen Ordnung. Ordnung stellt sicher, dass alles so bleibt wie es ist. Und uns geht es ja noch immer wirklich gut.

Ordnung über alles. Ordnung muss sein. Ist Ihnen auch schon aufgefallen, dass sich der Kellner-Gast-Dialog in den letzten Jahren geändert hat? Früher wurden wir zumindest in Österreich gefragt, hat es geschmeckt. Heute? »War das Essen in Ordnung?«

Was soll das? Soll ich jetzt beurteilen, ob alles brav in Reih und Glied auf dem Teller gelegen ist? Das Karöttchen sich gemäß EU-Norm im richtigen Winkel ans Erbslein schmiegt? Oder erwartet der Kellner oder die Kellnerin im Ernst, dass ich jetzt mal schnell eine Laboruntersuchung durchführe, um eventuelles Pferdefleisch oder Allergene zu lokalisieren? Ich will Essen, das schmeckt und möglichst gesund ist. Ich will Essen, das mir Freude macht. Nicht Essen, das in Ordnung ist.

Ich will zum Abschluss noch einmal zu den Gefahren der Herde kommen. Die liegen darin, wer die Herde wohin führt und was dafür von dir verlangt wird. Logisch, oder?

Denken wir an den Nationalsozialismus. Wer hat da die Herde wohin geführt? Nicht schon wieder diese Geschichte, sagst du, Patrizia? Es ist aber eine gute Geschichte. Wir könnten so viel daraus lernen, was uns heute vor Schaden bewahrte. Außerdem ist diese Geschichte ein wunderbares Beispiel für die Folgen der Unterliebe. Hier circa 60 Millionen Tote. 1907. Adolf Hitler wird in Wien nicht in die Kunstakademie aufgenommen, wegen fehlenden Talents. Er hat es dann noch ein zweites Mal versucht – wieder nichts. Dann hat er was anderes gemacht, um seine Eigenliebe, seinen Selbstwert zu polieren. Da können wir uns schon überlegen: Was wäre passiert, wenn ihn diese hochnäsigen Wiener Professorenschnösel doch zum Studium auf der Akademie zugelassen hätten? Vielleicht gäbe es jetzt 80 Mal das Gemälde »Blonder, blauäugiger deutscher Schäferhund sitzt unter deutscher Eiche mit wehmütigem Blick gen Osten.« und dann noch so 20 »Holde deutsche Maid reicht deutschem Junker Rheinwein zur Labung« – im Hintergrund die Loreley. Ich gebe zu, ich hätte mir diese Bilder daheim nicht aufgehängt. Aber ich kenne Menschen mit Fototapetenwohnzimmer, da wären diese

Bilder nicht weiter unangenehm aufgefallen. Wir hätten uns so vielleicht viel erspart. Also nicht wir, sondern unsere Altvorderen.

Ähnliche Geschichten hätte ich von Napoleon, Stalin, Kim Jong Un und Donald Trump schreiben können. Wir hatten ja bei den Symptomen der Unterliebe auch die Aggression.

Die Herde. Überlebenswichtig und lebensgefährdend. Wir merken, welche Herden uns gut tun. Wo wir gerne dabei sind. Bei mir sind es meine Familie, meine Freunde, mein Tennisverein, meine Theatergruppe, meine Workshopteilnehmer, wir Europäer. Da gibt es noch viele andere. Da gibt es aber auch Herden, wo wir uns nicht so wohl fühlen. Da tut uns die Gruppendynamik dann nicht so gut. Da führt sich der eigene Wille gegängelt. Wir handeln wider unsere Wünsche und Bedürfnisse. Vielleicht muss das nicht immer so sein.

Liebe deinen Nächsten wie dich selbst. Oft Schwierig.

Liebe deinen Übernächsten wie dich selbst. Manchmal leichter.

Damit kommen wir zum Ende unserer Analyse des Kampfes um die Selbstliebe.

WAHR(FALSCH)NEHMUNG

⇳

INTERPRETATION

(BEWERTEN/BEURTEILEN)

⇳

VERHALTEN

$$L_g = L_s + L_f$$

Liebe gesamt = Selbstliebe + Fremdliebe

L_s = ☹

Was könnten die Nachbarn sagen?

Nur nicht unangenehm auffallen!

Man tut/Man tut nicht!

Mach keine Schande!

L_s = ☺

- ♥ **Lebe deine eigenen Bedürfnisse und Wünsche!**
- ♥ **Trau dich, anders zu sein. Sei du selbst.**
- ♥ **Suche dir gute Herden aus!**
- ♥ **Lass deiner Freude freien Lauf!**

UNTERLIEBT ♥ Das Selbstliebe-Service. Zeit für einen Filtertausch

Luftfilter. Ölfilter. Klimaanlagefilter. Kraftstofffilter.

Bei unseren Autos schauen wir darauf, dass wir rechtzeitig die Filter tauschen. Sonst rennt das Werkel irgendwann nicht mehr.

Das gleiche gilt für unsere Selbstliebe. Die braucht auch immer wieder ein Service. Sonst laufen wir nicht mehr. Und permanente Pflege.

Ich kann Ihnen nur anbieten, Ihre Filterblase auf Schwachstellen für Ihre Selbstliebe zu überprüfen und wo notwendig, den Filter zu tauschen. Wenn Ihre Filterblase ein einziges Eitergeschwür ist, stechen Sie sie an. Lassen Sie den ganzen Dreck raus.

Voraussetzung ist, dass Sie sich lieben wollen. Das ist eine Frage Ihrer Haltung und Ihres Willens. Sie müssen den Mut dazu haben und die richtige Umgebung. Stimmt natürlich so nicht. Wenn Sie die richtige Umgebung haben, eine liebevolle, dann brauchen Sie auch keinen Mut zu Ihrer Selbstliebe. In einer Welt der Freude, Mit-Freude und der Liebe ist Selbstliebe ja keine Schande. Da ist Selbstliebe etwas Selbstverständliches. Da ist es auch leicht, den Nächsten zu lieben. Nur sind viele von uns noch nicht in dieser Welt angekommen und leben noch in der Welt der Unterliebe, des Leidens, Mitleidens und des Opferns. Da braucht man sehr wohl Mut für die Selbstliebe.

Ein Zitat von Voltaire: »Da es sehr förderlich für die Gesundheit ist, habe ich beschlossen, glücklich zu sein.« Voltaire hat von 1694 bis 1778 gelebt und war ein französischer Philosoph und Schriftsteller. Eigentlich hat er Francois-Marie Arouet geheißen. Der Namen dürfte ihm aber nicht gefallen haben.

Da es sehr förderlich für die Gesundheit ist, sollten Sie beschließen, sich selbst zu lieben.

Patrizia, du willst das, aber du kommst einfach nicht über deine falschen Filter hinweg. Du brauchst die Erlaubnis dafür. Weil du in deinem Leben gelernt hast, für alles um Erlaubnis zu fragen. »Ja, darf ich denn das?« Du bist nun mal autoritätsgläubig. Wie meine Workshopteilnehmer, die wirklich glauben, ich bin der Wichtige im Seminar. Dabei sind sie es. Ich bin für sie da und diene ihnen. Nicht umgekehrt. Das haben die aber nicht gelernt. Gut, Patrizia, wenn es dir hilft, gebe ich dir die Erlaubnis, dich zu lieben. Ich, die große Autorität in Sachen Selbstliebe. Passt das für dich? Da lächelt sie, unsere Patrizia.

Dafür wirst du belohnt und ich muss ja auch noch mein Versprechen einlösen. Patrizia, dein Bremer Stadtmusikant hat dir noch eine SMS geschrieben. Er könnte nächstes Wochenende bei dir vorbeischauen. Ist das nicht schön? Du kannst also in Ruhe bis zum Ende des Buches bei uns bleiben und dann nächstes Wochenende deinem neuen Prinzen in deinem Schmuddelpyjama davon erzählen. Da wird er sich sicher freuen.

Das Buch heißt *Bist du unterliebt? Selbstliebe für Anfänger.*

Anonyme Leserin, anonymer Leser. Ich hoffe, Sie sehen mir das *du* im Titel nach. Ich wollte Ihnen damit nicht zu nahe treten. Das ist mir ehrlich gestanden passiert.

Es kommen im Anschluss noch ein paar Seiten zur Fremdliebe. Locker ausgeschrieben. Doch haben wir bereits schon viel darüber gemeinsam nachgedacht. Die Wechselwirkung zwischen Ihrer Selbstliebe und Ihrer Fremdliebe ist Ihnen sicher klar.

$$\mathbf{L_g = L_s + L_f}$$

Zur Fremdliebe werde ich nur mehr ein paar Gedankenskizzen dazu liefern. Vielleicht schreibe ich ja noch ein zweites Buch. *Selbstverteidigung gegen die Fremdliebe* oder so. In diesem Buch hier geht es hauptsächlich um Ihre Selbstliebe. Haben Sie Fortschritte gemacht? Wovon sind Sie fort geschritten? Was haben Sie hinter sich gelassen? Worauf gehen Sie jetzt zu?

Schauen wir uns noch einmal Ihre Selbstliebeskala an.

0  10

Hat sich Ihr Wert nach rechts bewegt? Um wie viel? Wie haben Sie das gemacht? Auf jeden Fall haben Sie das gut gemacht. Danke.

L_s => L_s oder vielleicht sogar L_s

L_s = ☺

Selbstliebe ist das Lächeln des Lebens.

Aloha! Sie sind die Liebe, Sie sind das Leben, Sie sind der Sinn.

Rainer, was gibt's? Du willst noch immer deine 10 Tipps und Tricks für die Selbstliebe? Geh bitte. Na gut. Einen habe ich schon für dich. Fang mit der Selbstliebe an oder mach mehr davon. Das reicht dir nicht? Sei ein bisschen weniger dumm. Oder verbissen. Such die sonnigen Seiten des Lebens. Sei dein eigener Cheerleader. Mehr hab ich nicht für dich.

Peter, du auch noch mal? Was ist mit euch los? Wollt ihr nicht zu einem Ende kommen? Du hast nebenbei meine Geschichte von der Formel gegoogelt. Dass die von den Amis im Kalten Krieg entwickelt wurde. Du hast nichts gefunden. Ja, Peter, das kann damit zusammenhängen, dass ich diese Geschichte erfunden habe. Die meisten Menschen glauben ja nur, was Experten sagen. Die Formel habe ich entwickelt. In einer durchzechten Nacht mit einem Unternehmer, der 300 Mitarbeiter beschäftigt, und dem Professor für Wirtschaftsinformatik, der mir die Lomi Lomi-Massage empfohlen hat.

Wir sind zwar auch Experten, für irgendetwas, aber die Geschichte mit den Amis ist schon größer, oder? Ich hab euch angelogen. Damit ihr mir besser zuhört. Die Geschichte war einfach nicht wahr. Habt ihr die jetzt wahr oder falsch genommen? Deshalb auch immer diese *Wahr(Falsch)nehmung* im Drei-Ebenen-Modell. Bist du jetzt böse auf mich? Hat das, was wir gemeinsam geredet und entwickelt haben, jetzt weniger Wert für dich? Nimm dir, was du brauchst. Und hüte dich vor den vielen offiziellen Expertenmeinungen. Ich bin sicher nicht der Einzige, der lügt.

Claudia, dein Sohn ist gerade heimgekommen. Ein 20-jähriger Prachtbursche. Der hat wirklich Glück, dich als Mutter zu haben. Du willst aber noch etwas. Du hättest doch noch gerne eine Übung zur Selbstliebe.

Ich hab tatsächlich noch eine wunderschöne, die ich dir, euch und Ihnen nicht vorenthalten will. Mit der Übung ist das Thema Selbstliebe dann wirklich abgeschlossen. In diesem Buch. Nicht in Ihrem Leben.

Ihr wisst ja schon, dass ich *wertschätzend* nicht so mag. So heißt diese Methode aber nun mal im Deutschen. Sie wurde in den 1980er von David Cooperrider und Diana Whitney entwickelt. Im englischen Original heißt sie Appreciative Inquiry. *Appreciative* heißt *anerkennend, würdigend, wertschätzend. Inquiry* bedeutet *Erkundung.* Im wertschätzenden Interview erkunden, würdigen und anerkennen wir somit das Gute. Wir setzen durch Fragen bewusst positive Filter. Ich mache das in einem Fragen-Dreisprung.

Beispiele:

1. *Was ist dir im letzten Jahr besonders gut gelungen?*
2. *Worauf freust du dich in den nächsten Monaten am meisten?*
3. *Wie wirst du das erreichen, worüber du dich freust?*

Oder

1. *5 Gründe, warum du liebenswert bist?*
2. *Wer liebt dich?*
3. *Was kannst du noch tun, um dich selbst noch mehr zu lieben?*

Oder

1. *Welch unglaubliches Abenteuer willst du dir heuer gönnen?*
2. *Mit wem willst du dieses Abenteuer erleben?*
3. *Wer wird davon am meisten profitieren?*

Oder

1. *Wie viele Tage sind in einem deiner ganz normalen Durchschnittsjahre gut und lebenswert?*
2. *Woran erkennst du, dass ein Tag für dich gut und lebenswert ist?*
3. *Was kannst du machen, um diese Tage bewusster zu genießen?*

Claudia, du siehst schon. Lauter positive, die Selbstliebe bestätigende Fragen. Bewusst gesetzte Filter.

Diese Übung ist bei jedem Workshop ein Knüller. Ich hänge die Teilnehmer in Paaren zusammen. Jeder ist einmal der Interviewte und einmal der Interviewer. Die Übung setze ich mit 30 Minuten an mit dem Rollenwechsel nach 15 Minuten.

Ich briefe die Aufgaben. Zuerst frage ich, was der Interviewte tun muss. Das ist eine Fangfrage. Mitten hinein in die Man muss-Regeln. Die kommen dann auch als Antworten. Die Teilnehmer sagen, der Interviewte muss antworten. Natürlich gut und richtig. Ich breche das sehr schnell ab. »Der Interviewte muss gar nichts, außer das Gespräch genießen. Er beziehungsweise sie kann nichts falsch machen. Bitte genießt einfach dieses wunderbare Privileg, dass euch jemand 15 Minuten lang wirklich zuhört. Es wird euch und eurem Selbstwert gut tun. Versprochen. Der Interviewte hat somit eine wunderbare Aufgabe.«

Der Interviewer hat hingegen einen Höllenjob. Den können beim ersten Mal die wenigsten wirklich gut. Seine Aufgaben sind;

1. Durch konsequentes Nachfragen die Geschichte groß oder dichter machen. Den Interviewten auf dem positiven Pfad halten und ins Detail verführen. Das bedeutet nichts anderes, als die erste schnelle, meist oberflächliche Antwort aufzunehmen und weiterzufragen.
   »Was hast du in den letzten 3 Monaten gut gemacht?«
   »Ich habe 332 Reklamationen positiv abgehandelt.«
   Da wird im Normalfall nichts weiter erzählt. Höchstens, es wird nachgefragt. Das muss der Interviewer machen.
   »Wie ist es dir möglich, ein derartig tolles Ergebnis zu erzielen. Wie machst du das konkret? Kannst du mir drei Beispiele erzählen, wo du dich besonders gut gefühlt hast? Was sagen deine Kunden zu dir? Wer hat am meisten etwas davon, dass du die Kunden wieder zurückgewinnst?«
   In der Art. Vergrößern und verdichten durch Fragen.
2. Ständiges Cheerleaden. Der Interviewer muss den Selbstwert des Interviewten heben. Wir hatten das schon. Da erzählt der Interviewte etwas Großes und Gutes. Da darf man nicht wie eine versteinerte Mumie gegenüber sitzen und auf die nächste Frage warten. Der Interviewer muss ständig klare Signale geben, dass hier etwas Tolles erzählt wird. Das ist Selbstwertpflege vom Feinsten. Cheerleaden ist sehr individuell. Es bringt den Interviewten von der

Sibirischen Wüste zurück zum Superbowl. Anlächeln ist bisher immer gut angekommen. Verbale Bestätigungen, Körpersprache, Erfolgsgesten wie *High Five*. Der Kreativität des Anerkennens sind keine Grenzen gesetzt. Das Repertoire ist groß. Wir sind es nur nicht gewöhnt.

3. Negative Bewertungen und Verurteilungen sind strengstens verboten. Die sind das Gegenteil von Cheerleaden. Dazu neigt man als Interviewer, wenn man seinen eigenen Selbstwert heben will. Wenn man in die Rechthaben-Falle tappt oder der eigene Perfektionismus grausam zuschlägt.
   »Was? Wie hast du das gemacht? Das hätte ich anders gemacht!«
   »Das kann ich mir nicht vorstellen, dass das wirklich funktioniert hat.«
4. Die vierte Aufgabe ist die schwierigste. Geschichtendiebstahl ist bei Todesstrafe verboten. Wir Menschen reden einfach gerne über uns. Das ist eine Selbstwertmassage. Wir möchten uns dadurch wichtig machen. Somit nutzen wir Unterliebten und Selbstwertzwerge auch jede Gelegenheit, das Wort zu ergreifen.
   »Was? Das ist mir auch passiert. Ich habe ...blablabla.«
   »Der Chef hat dich dafür gelobt? Schön. Mich hat er übrigens dafür gelobt, dass ... blablabla.«
   Das meine ich mit Geschichtendiebstahl. Der Interviewer stiehlt dem Befragten seine Geschichte, damit er sie zu seiner macht. Das geht gar nicht.

So viel zur Übung. Viele Workshopteilnehmer glauben, dass für diese lächerlichen zweimal drei Fragen 30 Minuten viel zu lang sind. Keiner ist noch vor der Zeit gekommen, aber viele haben diese Übung viel länger genossen. Die vergessen die Zeit. Weil sie so gut tut. Alle kommen mit einem Lächeln zurück. Bei allen steigt der Selbstwert. Das sind immer sehr liebevolle Momente während des Workshops.

Siehst du, Claudia, so leicht kann man den Selbstwert und die Liebe pflegen. Du kannst dich selbst interviewen. Du kannst dir aber auch einen Partner für die Übung suchen.

Drei schöne Fragen. Und los geht's.

Viel Spaß dabei. Das Lächeln nicht vergessen.

Rudi, du lächelst schon. Ach so. Du hast diese Übung schon einmal ähnlich gemacht. Deine Therapeutin hat dich mit dir als kleines Kind sprechen lassen. Du, der damals 42-jährige Rudi, hast mit dir als Fünfjährigem gesprochen. In Form eines Kinderbildes von damals. Du hast deinem Kinder-Ego gesagt, wie gut es war. Wie lieb du es hattest und was du mit fünf schon alles gut gemacht hast. Das ist zwar nicht exakt ein wertschätzendes Interview, aber eine äußerst taugliche therapeutische Intervention. Endlich hat der kleine Rudi von jemandem gehört, dass er gut und lieb ist. Damals hat es ihm ja keiner gesagt.

Eine wirklich brauchbare Übung, um entgangene Liebe ein bisschen aufzuholen. Durchaus empfehlenswert.

Jetzt ist aber wirklich Schluss.

Das waren unsere Fragen:

- »Warum sind wir eigentlich so schlecht drauf?«
- »Wer hat uns so gemacht?«
- »Wer braucht solche Menschen?«
- »Wer hat einen Nutzen davon, dass es uns nicht so gut geht?«
- »Was können wir dagegen machen?«

Dazu sollten die angeboten Antworten, Übungen und Ihre eigenen Gedanken vorerst ausreichend sein.

Die letzte Wien-Quiz Frage und dann blödle ich mich noch ein bisschen durch die Fremdliebe. Die gefährliche. Die berechnende. Nicht die aufrichtig gute und uns wohltuende. Das ist oft die Fremdliebe, die nur so tut, als ob sie uns gern hätte. Damit jemand seine eigenen Interessen wahren und seine Macht ausüben kann. Böse, böse.

Zuvor aber die letzte Wien-Quiz Frage.

[WIEN-QUIZ] **Frage 8**

Teuflisches. 1583 kam es in Wien zu einer öffentlichen Teufelsaustreibung. Die vermeintlich Besessene (sie litt vermutlich an Epilepsie) war die erst 16-jährige Anna Schlutterbauer. Wie viele Teufel wurden dabei laut der Überlieferung vertrieben?

A. 4
B. 66
C. 847
D. 12.562

Auflösung kommt schon noch.

UNTERLIEBT ♥ Über die berechnende, absichtsvolle Fremdliebe

Wenn Sie noch Lust und Zeit haben, begleiten Sie mich auf meinem Streifzug durch die Formen der Fremdliebe. Halten Sie sich unsere Formel

$$L_g = L_s + L_f$$

vor Augen und überlegen Sie, mit welchen Filtern hier gearbeitet wird.

Wo und bei wem der Nutzen ist, ist meistens offensichtlich. Wie unsere Selbstliebe manipuliert wird, ist nicht immer ganz so leicht durchschaubar.

Wir sind in Österreich, einer Hochburg der katholischen Kirche. Den meisten Österreichern wird die erste Geschichte somit bekannt vorkommen. Nicht-Katholiken dürfen aber auch mitreden.

Rainer, du warst so acht, neun Jahre alt. Das freudige Ereignis deiner Erstkommunion stand vor der Tür. Davor musstest du aber deine Erstbeichte ablegen. Das angebotene Strafregister reichte damals so zwischen Kaugummi gestohlen bis Lieblingsspielzeug vom Bruder oder der Schwester kaputt gemacht. Problem: Du warst dir keiner Schuld bewusst. Die Geschwister hatten es ja verdient. Kannst du dich noch erinnern, wie du überlegen musstest, welche Sünden du begangen hattest? Du bist an einem schönen Nachmittag in deinem Kinderzimmer gesessen und hast mit elterlicher Hilfe drei böse Taten erfunden. Draußen hat der Garten gerufen oder die Nachbarskinder zum Spielen gewartet. Du hast aber geschrieben: »Ich war schlimm«. Das ultimative Verbrechen. Das Gegenteil von brav.

»Ich habe meinen kleinen Bruder gezwickt.«

»Ich habe gelogen.«

Gut gewappnet mit diesem Sündenregister bist du kleiner Sünder dann in so einen Holzkobel gebracht worden, wo es dunkel war. Dort wart ihr zu dritt: du, deine Angst und durch ein kleines vergittertes Fenster hat dich ein fremder Mann angesprochen, der irgendwie bedrohlich in seiner Anonymität wirkte – wie mein Leser oder meine Leserin am Anfang – und aus dem Mund ein bisschen säuerlich roch. Das kann ich über meine Leserin oder meinen Leser nicht behaupten. Rausgekommen aus dieser Reporting-Situation bist du mit drei Vater Unser und zwei Ave Maria oder irgend so etwas. Das Ganze auf den Knien.

»Vater unser, der du bist im Himmel. Vergib uns unsere Schuld.«

Dreimal. Dann noch die beiden Ave Marias. Eine erniedrigende Hirnwäsche.

Du warst acht oder neun. Und ab da warst du dir deiner Schuld bewusst. Kein schönes Erlebnis für ein Kind und seinen Selbstwert. Doch eine gute pädagogische Basis für brave Kinder.

Würden die Kirche und unsere Gesellschaft anders ausschauen, wenn wir die positive Beichte einführten? Du gehst beichten und der Pfarrer sagt: »Heh. Drauf geschissen, was du schon wieder Schlimmes gemacht hast. Interessiert doch keine Sau. Erzähl mir lieber, was du in letzter Zeit Tolles zusammengebracht hast. Was du erlebt hast. Reden wir darüber, wie gut du bist!« Ein wertschätzendes Interview durch den Pfarrer. Geil. Das hat schon einen anderen Groove. Als Belohnung dann vielleicht einen Tag schulfrei. Oder ein privater kirchlicher Feiertag.

Peter, bei dir war das anders? Du hast das nicht auf einen Zettel geschrieben, sondern auf ein Holzscheit. Die Holzscheite habt ihr dann gemeinsam ins Feuer geworfen. Die Sünden für den Teufel sozusagen. Moderner Exorzismus. Wow! Die Kirche geht offensichtlich doch mit der Zeit. Im Coaching-Deutsch heißt so etwas »Externalisieren von Problemen«, im Anschluss kommt die Trennung davon. Das ist ein äußerst beliebtes psychologisches Spiel. So eine Art westlicher Vodoo-Zauber. Es werden zum Beispiel Workshops am Sinai angeboten. Da fahren die Leute hin, nehmen sich dann für ihre Probleme symbolische Steine und die legen sie dann ab. Dann fahren sie wieder heim und lassen ihre Sorgen und Probleme dort. Was sagt uns das? Erstens: Kein Wunder, dass die da unten nicht zur Ruhe kommen, wenn wir alle unseren Psychomüll dort abladen; Zweitens war der Sinai ursprünglich komplett flach. Aber durch die vielen Workshops sind dann halt die Berge entstanden.

Ein Gewitter braut sich gerade zusammen. GottIn wird mir doch nicht zürnen? Glaub ich nicht, ich bin ja nicht gotteslästerlich. Ich erzähle ja nur Geschichten aus dem Leben. Aber vorsichtig sollten wir schon sein. In alten Zeiten sind die Menschen gemäß Bibel ja oft 800, sogar 1.000 Jahre alt geworden. Dann haben sie GottIn offensichtlich so genervt, dass die Lebenserwartung dramatisch gestutzt wurde. So auf unsere 80 Jahre. Wenn wir uns weiter so blöd spielen, senkt GottIn unsere Lebenserwartung vielleicht noch einmal kräftig ab.

Peter, das ist jetzt nicht so erfunden wie die Geschichte mit der Ami-Formel. Das steht wirklich in der Bibel. Die ist lesenswert.

Da stehen auch solche Sachen drinnen. »Wenn du ein neues Haus baust, sollst du um die Dachterrasse eine Brüstung ziehen. Du sollst nicht dadurch, dass jemand herunterfällt, Blutschuld auf dein Haus legen.«

Das ist doch okay, oder?

Und das finde ich spannend:

»Du sollst für deine Kleidung kein Mischgewebe aus Wolle und Flachs verwenden.«

Das hab ich bis heute nicht lösen können. Hat jemand von Ihnen da eine Antwort drauf? Da geht es ja vielleicht um Bio-Textilien. Chemie hatten die damals ja doch noch ziemlich wenig. Liebe Leserin, sollten Sie zufällig Chefeinkäuferin bei H&M sein, können Sie mir vielleicht ja weiterhelfen.

Im Ernst. Jesus kann ganz gut mit mir. Der kommt oft im Sommer zu uns. Nach Mauerbach. Auf die Terrasse. Umgeben von Lavendelsträuchern. Er ist ein sehr angenehmer Gast. Ich brauch nur eine Karaffe Leitungswasser auf den Tisch stellen und er verwandelt ihn in Wein. Ich kann mir sogar aussuchen, welchen ich gerade trinken will. Natürlich ist er schon in die Jahre gekommen. Er sieht aber noch älter aus. So um die 2.800 Jahre. Wir reden oft über seinen Vater. Mit dem hat er es ja auch nicht leicht. Der hat ihn auch nie umarmt. Nur ans Kreuz nageln lassen. Das geht schon auf Jesus' Selbstwert. Und von uns fühlt er sich überhaupt falsch verstanden und missinterpretiert. Es taugt ihm gar nicht, was wir da in seinem Namen alles machen. Deshalb ist er Alkoholiker geworden. Seit 2.000 Jahren säuft er. Seine Leber ist auch schon riesengroß. Sie haben sicher schon diese großen, schwarzen Wolken gesehen. Die sind in Wirklichkeit die Leber vom Jesus. Ja, der Bub hat es auch nicht optimal erwischt. Der ist auch schwer unterliebt. Vom Papa und von uns. Nur die Mama hat ihn wirklich lieb. Die ist aber auch nicht mehr ganz rüstig und braust mit dem Rollator durch den Himmel.

Gehen wir in das nächste Feld des methodischen und systematischen Selbstwertraubes.

Stellen Sie sich vor, Sie sitzen am Sonntag gemütlich auf Ihrem Sofa, machen einen auf Couch-Potato. Da klopft es an Ihrer Tür. Sie rein in die Schlapfen und hin zur Tür. Sie machen auf. Draußen steht ein Mann. Der sagt zu Ihnen: »Sehr geehrter Herr. Oder liebe Dame. So wie Sie aussehen, gehen Sie bitte nicht vor die Tür. Sie stören das Ortsbild.« Sie lachen.

Das ist Ihnen noch nie passiert. Dem würden Sie wahrscheinlich die Tür vor der Nase zu schlagen oder ihm eine auf die selbige geben. Eh klar.

Nun gut. Niemand klopft an die Tür und sagt Ihnen das direkt ins Gesicht. Solche Selbstwertattacken kommen über andere Wege. Werbeplakate, Werbespots und die In- und Out-Listen in den Hochglanzmagazinen. Die ganze Marketingmaschinerie. Sie erzählt uns, dass wir auf irgendeine Art ungenügend sind. Zu hässlich, zu dick, zu dünn, zu dumm, zu faul, zu krank, zu alt, zu ungesund, zu wenig effizient. Ständig wird uns eingeredet, dass wir suboptimal sind. Etwas wertlos. Eben *out*. Wer von uns will schon auf einer Out-Liste stehen? Wir wollen ja dazu gehören. Zur Herde der Konsumenten. Also schmeißen wir uns in den Optimierungswahn. Uns werden auch die Lösungen angeboten, wie wir wieder *in* werden. Zum Beispiel durch Konsumieren. Uns wird in großem Stil Selbstwert von der Stange oder aus dem Regal verkauft. Oder aus dem Internet. *Love for Sale* sozusagen. Liebe zum Kaufen für die Selbstwertflundern, für die Unterliebten.

Die Wirtschaft kann schon gefährlich für unseren Selbstwert und unsere Selbstliebe sein. Aber wir können uns ja aus unserer Unterliebe frei kaufen.

Funktionelle Lebensmittel sind ein ganz wichtiger Trend. Zum Beispiel jene zur Verdauungsförderung. Das ist vor allem ein Frauenmarkt. Zuerst werden sie in Ernährungsgewohnheiten verführt, die nicht unbedingt gesund sind. Sie wollen ja den Erwartungen entsprechen. Die die Werbung definiert.

Wenn ich dem Schlankheitswahn verfalle und zu wenig oder falsch esse, darf ich mich nicht wundern, wenn da unten dann nichts mehr geht. Das ist dann der Zeitpunkt, wo uns mit Verdauung fördernden Präparaten der eigene Stuhlgang zurückverkauft wird. Zuerst wird uns erklärt, wir sind nicht schön genug. Dann wird uns erklärt, wir sind nicht gesund genug. Zweimal schön verdient.

Wir haben unseren Stuhlgang verloren, jemand anderer hat seine Gewinne maximiert.

In China gibt es den Guanggun Jie. Ich kann nicht chinesisch, deshalb hier die englische Übersetzung: Singles' Day. Er findet jährlich am 11. 11. statt. Die vier Einsen stehen als Symbolzahlen für die *Ein*samen, die Singles. Dieser Singles' Day ist mittlerweile der größte Online-Shopping Day. Die chinesische Internetplattform Alibaba allein hat am 11. 11. 2015 Umsätze in Höhe von 14,3 Milliarden US-Dollar erzielt. Big Business mit der Unterliebe.

What Else?

Nespresso. Ein reines Lifestyle-Produkt. Diesen Lifestyle wollen viele von uns. Weil der eigene Lifestyle ein bisschen fad und mickrig ist. Ich hab wirklich schon jede Menge Nespressi getrunken. Leider schau ich deshalb noch immer nicht wie George Clooney aus und bin noch immer der weniger attraktive Eugen Prehsler. Mit H und S. Der das Ortsbild stört. Aber es schmeichelt meinem Selbstwert schon irgendwie, dass ich den gleichen Kaffee wie George trinke. Vielleicht lädt er mich sogar einmal in seine Villa zu den vielen schönen Menschen ein. So als Pausenkasperl. Sie trinken *Nespresso* sicher, weil der Kaffee so gut ist. Stellen Sie sich vor, statt George Clooney würde ich in den Werbespots auftreten. Würde der Kaffee dann anders schmecken? Clooney bekommt seine Millionengage dafür, dass Nestlé an unsere Selbstwerte rankommt. *Nestlé* gewinnt sicher. Die haben mit *Nespresso* derart ihre Gewinne maximiert, dass sie jetzt sogar ein Folgeprodukt auf den Markt gebracht haben. *BabyNes.* Das Kapselsystem für unsere Kleinsten. Nach dem Vorbild der Muttermilch. Ich zitiere aus der Homepage.

»Das *BabyNes* System besteht aus einer intelligenten Maschine und einer einzigartigen Serie von Milchnahrungen, die sich an die unterschiedlichen Ernährungsbedürfnisse ihres Babys bis zum Alter von 3 Jahren anpassen.«

Die intelligente Maschine kostet so 200 Euro. Mami dürfte eine dumme Maschine sein. Dafür ist sie auch gratis. Sehen wir es positiv. Da kann Mutti gleichzeitig für sich einen *Nespresso* und für ihr Baby ein Fläschchen runterdrücken. Und wenn das Baby nicht brav ist und schreit, kann man sicher ein paar beruhigende Pharmazeutika ins Flascherl mischen.

Vielleicht bastelt George ja schon an einem Baby für den TV-Spot.

Hören wir auf. Zumindest in diesem Buch. Im nächsten können wir dieses Spiel weitertreiben und auch auf die Bereiche Eltern, Beziehung, Schule und viele mehr ausdehnen.

Ich will eine Gesellschaft erleben, in der das Bruttonationalglück dem Bruttosozialprodukt übergeordnet ist. Zum Entstehen solch einer Gesellschaft möchte ich meinen Beitrag leisten. Dazu habe ich dieses Buch geschrieben. Damit die Unterliebe weniger wird.

In Bhutan hat das Bruttonationalglück bereits Verfassungsrang. Wo, bitte, ist Bhutan?

Die haben dort auch am 17. Dezember 2004 beschlossen, ein nikotinfreies Land zu werden. Seit damals wurde der Handel mit Tabak mit hohen Geldstrafen belegt und das Rauchen auf öffentlichen Plätzen verboten. Begründet wurde die Maßnahme mit religiösen, gesundheitlichen und wirtschaftlichen Gründen. Das Rauchen von Tabak ist zwar im privaten Umfeld noch immer erlaubt, aber es gibt für das eine Prozent Raucher in Bhutan nur noch wenige Möglichkeiten, legal an Tabak zu gelangen. Keine Vorbilder für uns.

Was will ich Ihnen und euch noch schreiben außer danke?

Ich hab an diesem Buch mehr als 3 Jahre gearbeitet. Was Sie zu lesen bekamen, sind nicht einmal 10 Prozent des gesamten Materials, was ich mir aus der Tastatur und dem Leben gesogen habe. Ein erstes Zwischenergebnis war mein Buch »Irrdümmlich Eltern.« Das hat kein Verlag genommen. Zu wild, zu unstrukturiert, zu unausgegoren. Ich steh aber noch immer drauf. Ich habe es im Eigenverlag herausgebracht.

Aktuell liegen noch 18 Exemplare auf meinem Lager. Die verschenke ich gerne an die ersten 18 Leserinnen und Leser, die mich per Mail darum bitten.

danke@prehsler.at

Wenn Sie es wollen, schicken Sie mir bitte ein Foto von Ihrem Kind oder Ihren Kindern. Sollten Sie noch keine haben, aber welche wollen, dann schreiben Sie mir bitte, warum Sie Kinder wollen. Und vergessen Sie nicht, Ihren Namen und Ihre Adresse zu nennen. Sonst macht das Ganze ja keinen Sinn. Da müssen Sie schon aus Ihrer Anonymität hervorkommen.

Dieses Buch habe ich dem Roland Düringer geschickt. Dem hat es getaugt. Er wollte, dass es einem größeren Leserkreis zugänglich gemacht wird. Sein Verlag hat mich genommen. Roland, ich weiß gar nicht, wie ich dir für all deine Unterstützung, deine Kritik und deine Aufmunterung danken kann. Und deine Freundschaft. Die kann ich wenigstens zurückgeben. Dann begann ein fürchterlicher kreativer Prozess. Das Ergebnis haben Sie gelesen. Mich hat er manchmal an den Rand des Aufgebens gebracht. Der Weg war von Selbstzweifeln, Wut und Angst vor dem Scheitern begleitet. Ich habe aber durchgehalten und das Buch sieben Mal völlig neu und anders geschrieben. Gelernt habe ich dabei unheimlich viel. Dafür danke an all die, die mich gefordert, gefördert, gequält, an den Rand des Wahnsinns und zurück in den Glauben an mich geführt haben.

Geschrieben habe ich es an vielen Orten. Die drei wichtigsten waren mein Zuhause, die Bibliothek der Kunstgeschichte in Wien und das Seminarhotel Schlosspark Mauerbach. In der Bibliothek habe ich gemeinsam mit Rafael, meinem Tertius, gearbeitet. Er hat seine Dissertation in Geschichte vorangetrieben. Ich mein Buch. Dazwischen sind wir gut essen gegangen und haben uns intensiv ausgetauscht. Rafa, grazie mille. Ich freue mich auf deine fertige Diss.

Beim Seminarhotel Schlosspark in Mauerbach möchte ich mich ganz besonders bedanken. Wenn Sie das als Werbung interpretieren, soll mir das auch Recht sein. Kommen Sie! Das macht auch Freude, wenn Sie nicht als Workshopteilnehmer kommen, sondern zum Privatgenuss. Vielleicht treffen wir einander ja an der Bar oder im grandiosen Park. Vielleicht sogar bei einem Workshop. Der Bartresen in der Lobby war mein Inspirationsraum. Meistens ungestört, weil die Seminarteilnehmer in den Seminarräumen arbeiten mussten und die Privatbesucher sich im Spa oder im Wiener Wald herumtrieben. Nach allen Seiten hatte ich Aussicht auf den wunderbaren Park. Das ist wichtig beim Schreiben. Da können die Gedanken und Ideen ausschweifen. In alle Richtungen, auch zu Ihnen. Ich sah den Himmel, die Bäume, ein Eichkatzerl, ich spürte Licht, im Hintergrund angenehme Lounge-Musik. Die war für mein Schreiben ideal. Ein wunderbarer, sanfter Teppich, auf den ich meine Zeilen ausstreichen konnte. Ich habe mir oft Sie an meine Seite gedacht. Diese letzten Zeilen schreibe ich übrigens auch wieder hier. Ein wunderbares Ritual für das Ende einer langen Reise. Heute ist das Szenario besonders kitschig. Die Sonne durchbricht gerade die Wolken. So richtig barock. Da können Sie die einzelnen Sonnenstrahlen sehen. GottIn blinzelt mir zu. Das Herbstlaub erstrahlt in unendlich vielen Gelbtönen. Gerade kommt Vanessa vorbei und fragt mich nach meinen Wünschen. Sie ist eine der vielen wunderbaren Menschen, die sich all die Monate um mein Wohl gekümmert haben. Meine Seele streicheln diese Menschen mit ihrem Lächeln, ihrer liebevollen Art und dem Interesse an mir und meiner Arbeit. Immer dann, wenn ich besonders liebevoll schrieb, können Sie davon ausgehen, dass ich gerade angelächelt wurde. Ohne all diese Menschen hier im Schlosspark wäre dieses Buch nicht möglich gewesen. Auf jeden Fall anders geworden. Weniger liebevoll.

Dafür möchte ich mich bedanken. Nicht beim Seminarhotel, sondern bei den Menschen hier. Ganz besonders bei Georg und Gabi Kaes. Dem Unternehmerehepaar, die dies mit ihrer Begeisterung und in ihrer Verantwortung für sich und ihre Mitarbeiter ermöglicht haben.

Danke. Billig ist es hier übrigens nicht. Aber jeden Euro wert. Man kann hier herrlich arbeiten und sich selbst reich belohnen. Eine schöne Selbstliebeübung.

Was sagst du, Peter? Schwülstig? Ja, so kannst du die Geschichte ruhig nennen. Was hast du gegen schwülstig?

Jetzt sind wir schon mitten im großen Danke sagen. Ich sag das gerne. Danke ist ein schönes Wort. Das unterstützt die Liebe.

Meine wunderbaren virtuellen Leser, ich danke euch von ganzem Herzen. Von dort, wo ihr mir ran gewachsen seid. Ich wäre noch gerne ein paar Momente allein mit meiner anonymen Leserin, meinem anonymen Leser. Darf ich mich von euch verabschieden?

Rudi, du hast das wirklich gut gemacht mit der Umarmung deines Sohnes. Danke. Vielleicht geht ihr ja gemeinsam den Jakobsweg. Quer durch ein paar wunderbare Weingebiete. Schreibt mir eine Ansichtskarte, ja? Herzliche Grüße in die Schweiz.

Patrizia, in dich könnte ich mich verlieben. Aber du bist mir noch zu kompliziert. Da müsstest du vorher noch ein großes Stück aus deiner Unterliebe rauskommen. Ich würde dir gerne zusehen, wie du deine Markendessous anziehst. Das wäre eine große Freude für mich. Aber das tut man nicht. Schon gar nicht als verheirateter Mann. Pfui. Muss ich meine Freude zügeln. Alsdann, ich wünsche dir alles Gute mit deinem Bremer Prinzen. Sei vorsichtig beim Küssen. Nicht, dass er sich zurück in einen Frosch verwandelt. Lass mir auch deine Schwestern schön grüßen.

Peter, du bist ein bisschen zu kurz gekommen. Den Lobgesang an die Jugend hab ich auch nicht geschrieben. Wenn du willst, können wir uns auf einen Kaffee treffen. Mittwoch zum Beispiel um zehn Uhr im Prückel?

Claudia. Schenk mir noch ein Lächeln und dann ab in deine Chorprobe. Heute gehst du ja singen. Vielleicht versucht ihr mal den Beatles-Klassiker *All you need is Love.* Oder *This Crazy*

Little Thing Called Love. Bewahre deine Sehnsucht nach dem Leben. Und nach dir.

Bleibst noch du, Rainer. Ich mag dich. Ich weiß, was du leistest und welchen Druck du hast. Du hast deine Rolle großartig gespielt. Dafür meinen Respekt. Dich in Nürnberg zu treffen wäre fein. Gerne auch in Wien. Du willst noch etwas sagen?

Ui, die Auflösung des Wien-Quiz fehlt noch. Die kann ich euch nicht vorenthalten. Aber danach geht ihr bitte und lasst uns beide allein.

Frage 1 – A: Eine Trennung in 1. und 2. Klasse

Ja, tatsächlich gab es auf diesem Klo einst eine Trennung in 1. und 2. Klasse, so wie wir das heute noch vom Zug- oder Flugverkehr kennen. Damals, um 1900 gab es allerdings wirklich zwei »Klassen« – jene der arbeitenden Masse und jene des besitzenden Bürgertums, daher auch der Begriff des »Klassenkampfes«. Öffentliche Toiletten waren damals eine echte Neuheit. Zwar gab es sie schon bei den Römern, aber im Mittelalter leerten die Menschen ihre Abfälle und den Kot einfach auf die Straße. Als im 18. und 19. Jahrhundert dann in vielen europäischen Städten große Parks angelegt wurden, benützten die Menschen einfach die neuen Grünanlagen, um sich zu erleichtern.

Frage 2 – D: Es springt mit allen vier Beinen in die Luft und schlägt nach hinten aus

Die Spanische Hofreitschule hat eine lange Tradition und diente ursprünglich der reiterlichen Erziehung der Sprösslinge der kaiserlichen Familie. So wie man heute seinen Ferrari aufheulen lässt, gehörte es damals zum Repertoire eines jeden Adeligen, auf seinem Pferd eine gute Figur zu machen. Im Gefecht oder der Schlacht halfen diese Reitfiguren dem Reiter, sich vor den Feinden zu schützen. Bei dieser Figur macht er sich nach hinten Luft. Die Hufe waren mörderisch. Nach wie vor pflegt man in der Hofreitschule die klassische Reitkunst, die sogar auf der UNESCO-Liste für immaterielles Kulturerbe zu finden ist. Spanisch heißt sie deshalb, weil sich gerade Rassepferde aus Spanien einst ideal für die Reitkunst eigneten. Heute sind die Stars der Reitschule aber ausschließlich die Lipizzaner-Pferde.

Frage 3 – B: Die Keuschheitskommission

Maria Theresia führte eine eigene »Keuschheitskommission« ein. Das war seit 1752 ein eigener Zweig der Gerichtsbarkeit. Die Aufgabe? Prostitution, außerehelichen Geschlechtsverkehr und Homosexualität im Keim zu ersticken. Bald liefen über 500 so genannte Keuschheitskommissare durch Wien, hatten in den Gasthäusern überall ihre Spitzel sitzen und machten auch vor privaten Wohnungen keinen Halt. Präsidenten der Kommission waren so sympathische Männer wie der Jesuit Ignaz Parhammer, der gleich so keusch war, dass er persönlich die Aufgabe übernahm, nackte Prostituierte auszupeitschen. Vor der öffentlichen Züchtigung gab es zudem eine »gynäkologische Untersuchung« der verhafteten Frauen. So besessen waren die Kommissare, dass sie im Prater sogar die Büsche stutzen ließen, um besser sehen zu können, was dort so alles vor sich ging.

Frage 4 – C: Sie dachte, es helfe gegen das Altern

Tatsächlich gab es Anfang des 17. Jahrhunderts einen historischen Prozess gegen Elisabeth Báthory. Der vermeintliche Tatort war allerdings nicht in Wien, sondern auf Elisabeths

Burg in Ungarn. Der Vorwurf: Sie hätte mehrere ihrer Dienerinnen ermordet. Im Laufe des Prozesses wurden die Vorwürfe immer absurder: Die Gräfin Elisabeth hätte junge Mädchen auf ihre Burg gelockt, man habe auf ihrer Burg auch unzählige Mädchenleichen gefunden. Laut Zeugenaussagen habe man die jungen Mädchen wie folgt gefoltert: Fesselung, Schläge und Auspeitschung bis zum Tode, Schnitte mit der Schere, Stiche mit Nadeln, Verbrennungen mit heißem Eisen und Wasser, Übergießen mit Wasser im Frost, brennendes Ölpapier zwischen den Zehen, Ohrfeigen und Messerstiche. Ein Zeuge berichtete von einem Tagebuch der Gräfin, in dem stolz die Tötung von über 600 Mädchen geschildert wird. Ob wahr oder nicht, Elisabeth ist als Blutgräfin in Erinnerung geblieben.

Frage 5 – C: Der Kammerdiener des Fürsten von Lobkowitz

Angelo Soliman (1721-1796) stammte vermutlich aus dem Volk der Kanuri und wurde von einem feindlichen Stamm an europäische Sklavenhändler gegen ein Pferd eingetauscht, die ihm zunächst den Namen André gaben. 1734 wurde er dem Fürsten von Lobkowitz »geschenkt«, der ihn als Kammerdiener einsetzte. Soliman – mittlerweile hieß er Angelo – war hochgebildet und am Wiener Hof sehr bekannt. Selbst der Kaiser Josef II. schätzte ihn als Gesellschafter, dazu wurde er Mitglied einer Freimaurer-Loge. Nach seinem Tod präparierte man seinen Leichnam und stellte ihn bis 1806 als halbnackten »Wilden« samt Muschelkette und Federn im kaiserlichen

Naturalienkabinett aus. Dieses Schaustück ging dann bei einem Brand verloren.

Frage 6 – C: Franck Ribéry (Frankreich)

Mit der Auswahl von 1600 hätten die Österreicher wohl jede WM gewonnen. Die Habsburger regierten damals ein riesiges Weltreich, zu dem Teile Italiens, die Niederlande und vor allem Spanien mit seinen kolonialen Besitzungen in Mittel- und Südamerika zählte. Frankreich war allerdings schon immer der Hauptkonkurrent der Habsburger in Europa, Franck Ribéry wäre also nicht in der Habsburger-Weltauswahl gewesen.

Frage 7 – B: Eine türkische Spezialeinheit im Heer

Die Janitscharen waren die persönliche Elitetruppe des osmanischen/türkischen Sultans. Um sich der Loyalität der Truppe sicher zu sein, rekrutierte man neue Soldaten für das Janitscharen-Korps ausschließlich aus den eroberten Ländern mittels der so genannten »Knabenlese«. Man nahm Familien unterworfener Länder ihre Söhne im Alter von 7-14 Jahren weg und zwangskonvertierte sie zum Islam. Sie wurden mit strengem Drill zu beinahe fanatischen Kämpfern, die ihr Leben ganz in den Dienst des Sultans stellten. Es gab nicht wenige Janitscharen, die es bin in die höchsten Ämter des osmanischen Staatswesens schafften. Vor Wien sind sie aber dann doch auch davongelaufen.

Frage 8 – D: 12.562

Ja, da flogen ganz schön viele Teufelchen in den Wiener Himmel. Jesuiten (ein kirchlicher Orden, der sich auf den Kampf gegen Satan spezialisiert hatte) exorzierten das besessene Mädchen. Für den Exorzismus gab es eine Art Warm-Up-Programm: Die Jesuiten fasteten und geißelten sich vor der Prozedur selbst – das galt dem Teufel nämlich als verhasst. In der damaligen Zeit bestand für eine Frau ständig die Gefahr, als Hexe angezeigt und auch verurteilt zu werden. Überall lauerten die argwöhnischen Nachbarn und suchten nach »Hexenmerkmalen«: Muttermale, Katzen, Kräuterküchen und vieles mehr. 1486 hatte der verwirrte Dominikaner und Inquisitor Heinrich Kramer sogar ein Buch, den so genannten »Hexenhammer« verfasst, in dem genau definiert wurde, was eine Hexe sei. Und wie man sie zu behandeln habe. Sehr beliebt waren Gottesurteile. Man ließ Gott durch Zeichen Recht sprechen. So wurden der Hexerei verdächtige Frauen gemeinsam mit Steinen in einen Sack genäht und ins Wasser geworfen. Gingen sie unter und ertranken, waren sie offensichtlich fälschlicherweise verdächtigt und wurden auf dem kirchlichen Friedensacker beigesetzt. Konnten sie sich aber irgendwie befreien und wieder an die Oberfläche schwimmen, mussten sie mit dem Teufel im Bund sein. Dann fischte man sie heraus und verbrannte sie. Die Hexe war überführt.

Hm. Die Angst vor Ihnen ist ganz weg. Die Trauer zieht auf. Trennungsschmerz.

Ich gehe davon aus, dass Ihr Daumen nach oben zeigt. Sonst wären Sie wohl nicht bis hierher meine Weggefährtin, mein Begleiter gewesen. Dafür danke.

Ein Wiedersehen würde mich freuen. Vielleicht im nächsten Buch. Oder sogar ein persönliches Kennenlernen. Bei einem meiner Workshops, meiner Vorträge oder meinem Kabarettprogramm. Kann auch an einer Bar sein. Nicht nur in Mauerbach. Oder in einem Zug. Wo auch immer, ich freu mich auf Sie. Sie persönlich. Mit Gesicht, eventuell sogar mit Namen.

Ich danke Ihnen.

Aloha, Sie sind die Liebe, Sie sind das Leben, Sie sind der Sinn!

Schon ein bisschen fad, wie?

Wechseln wir das Land. Gehen wir von Hawaii nach Costa Rica. Die haben dort auch eine schöne Grußformel und Lebensphilosophie. *Pura Vida.* Das Leben in Fülle. Das wünsche ich Ihnen. Ein wunderbares Leben voll der Liebe. Machen wir Schluss. Ich gehe jetzt in die Welt der Freude und Mit-Freude. Vielleicht treffen wir einander ja dort.

Alles Liebe. Bis bald.

Ihr

Eugen Prehsler

Sie wissen schon. Mit H und S.

H wie Heinrich und S wie Selbstliebe.

Nachwort von Roland Düringer

Eugen Prehsler hat ein Buch geschrieben. Dieses Buch hat er mir, ohne mich jetzt persönlich zu kennen, vor gut einem Jahr geschickt. Es kommt schon öfters vor, dass ich von jemandem ein selbstverfasstes Buch oder Manuskript geschickt bekomme. Natürlich verbunden mit der Erwartung, dass ich es lese und dann etwas dazu sage. Manche Bücher lese ich nicht, einfach aus einem Bauchgefühl heraus. Weil ich halt gerade keine Lust habe dieses Buch zu lesen. In manche Bücher lese ich kurz hinein und, ja ... mein Gott. Fertig lese ich es dann nicht. Manche Bücher lese ich aus Interesse zu Ende und denke mir dann: Ja, ja. Passt. In seltenen Fällen melde ich mich dann beim Verfasser mit einer kurzen Stellungnahme. In besonders seltenen Fällen, entsteht daraus eine Verbindung zum Autor. Eugen ist so ein besonderer Fall.

Kennen Sie das: Sie lesen ein Buch und plötzlich kommt da so ein Gefühl auf von: Ja! Genauso, ja. Ein Buch, das passt wie ein Maßanzug. So erging es mir bei Eugens Buch.

Ja! Ja, das ist gut. Ja, schön, was Sie mir da zu sagen haben, Herr Prehsler. Ich habe Kontakt mit Eugen aufgenommen, um ihm ein Feedback zu geben, und war überrascht, dass dieses Buch bis dahin noch keinen Verleger gefunden hatte. Wahrscheinlich bin ich, was solche Dinge betrifft, etwas naiv. Ein Buch verkauft sich nicht nur wegen seines Inhalts, da braucht es mehr. Ein Thema am Puls der Zeit, einen reißerischen Titel, eine gesellschaftliche Provokation, einen prominenten Autor. Zur rechten Zeit am rechten Ort. Rechter Verlag, rechter Vertrieb, rechtes Regal im Laden. Ein guter Schachzug wäre es zum Beispiel, einen bekannten Autor – vorzugweise einen mehrfachen Bestseller-Autor – für einen kleinen Beitrag in deinem Buch zu gewinnen, für ein wohlgesonnenes Vor- oder Nachwort zum Beispiel. Am Cover steht dann neben dem Titel: »Mit einem Vorwort von Bestseller-Autor ...« So etwas ist für schlichte Gemüter möglicherweise ein Kaufanreiz. Weil es mir wichtig ist, dass schräge Bücher wie jenes von Eugen unter die Leute kommen, und ich gerade an meinem Buch »Weltfremd?« arbeitete, bot ich ihm an, sich mit Beiträgen an meinem Buch zu beteiligen und überredete meinen Verleger Eugens Buch im Frühling 2016 in den Handel bringen. Das freut mich für Eugen, aber auch für mich, weil ich weiß, dass ich einen Beitrag dazu geleistet habe.

Natürlich gibt es keine Garantie dafür, dass Eugens Buch sich überdurchschnittlich gut verkaufen wird, aber es besteht die Möglichkeit. Ja und die Wahrscheinlichkeit, dass gerade Sie dieses Buch gelesen haben, ist relativ hoch, immerhin sind Sie ja jetzt beim Nachwort – und ich hoffe, dass ich Sie mit den folgenden Gedanken zur Liebe und zum Leben nicht von Ihrer hoffentlich guten Meinung von diesem Buch abbringe. Am besten Sie glauben nichts, von dem, was ich hier schreibe, es ist nur das, was ich denke. Und wenn wir schon dabei sind: Glauben Sie am besten überhaupt nichts. Glauben Sie vor allem nichts von dem, was Sie denken, es ist nur das, was sie denken.

Ohne dass man mich gefragt hätte, fand ich mich eines Tages im Religionsunterricht. Das Erste, das ich auswendig zu lernen hatte, war das Glaubensbekenntnis – ohne davor in Kenntnis gesetzt zu werden, wozu ich mich hier eigentlich zu bekennen habe. Kinder, die man daran gewöhnt hat, fremdes Wissen anzunehmen, die bereit sind zu akzeptieren, was sie denken sollen, denen aber niemals erklärt wurde, wie man denken könnte, stellen wenige Fragen. Wenn Fragen auftauchen, dann sind es Fragen zum Thema, denn die Themen werden vorgegeben. Im Religionsunterricht wurden wir mit dem Thema Gott konfrontiert. Gott, der die Menschen geschaffen hat, Gott, der zu den Menschen spricht, Gott, der die Menschen bestraft, Gott, der die Menschen belohnt, sie in den Himmel oder die Hölle schickt. Gott, der von den Menschen Opfer verlangt, Gott, der Menschen zu sich nimmt, Gott, der Wunder vollbringt, Gott, der einen Sohn hatte. Gott, der die Menschen liebt, aber trotzdem die Welt untergehen lassen wird. Da tauchen natürlich in Kindern Fragen auf: »Woher weiß man eigentlich, dass es Gott wirklich gibt, wenn man ihn nicht berühren kann, ihn ja noch keiner gesehen hat?« Gottesgläubige Menschen wie unser Kaplan haben da gleich eine Antwort parat: »Mit Gott ist es so wie mit der Liebe. Man kann die Liebe auch nicht sehen, man kann sie nicht angreifen, aber trotzdem weißt du, dass sie existiert, oder?« Damit war die Frage auch schon wieder beantwortet und jeder Zweifel vom Tisch. Wir hörten, wie Jesus Wasser in Wein verwandelte.

Heute habe ich dazu doch noch eine Frage: Woher weiß ich, dass die Liebe existiert? Kann ich sicher sein, dass die Liebe außerhalb von mir, also außerhalb des menschlichen Bewusstseins, außerhalb meiner Wahrnehmung als eigenständiges, unabhängiges Objekt existiert, oder ist sie nur ein Konstrukt meines Denkens und Teil meiner Gefühlswelt? Wie oft spricht man über die Liebe, singt und schreibt über sie – aber was ist sie? Ich gebe die Frage an Sie weiter: Was ist Liebe? Ich denke, Sie haben dazu sicher eine, mehrere oder gleich sehr viele Antworten parat. Auch ich könnte ihnen hier meine persönliche Liebesdefinitionsliste präsentieren, es ließe sich damit nicht nur ein Nachwort, sondern ein ganzes Buch füllen. Bin ich deshalb liebesgläubig, oder ist die Liebe etwas, das ich spüren kann? Ist etwas zu spüren, zugleich der objektive Beweis für seine Existenz, oder kann es sich dabei auch um einen Phantomschmerz handeln?

Bin ich der Liebe schon begegnet? Unser Leben ist Bewegung und Begegnung. Je mehr ich mich bewege, umso höher ist die Chance auf eine Begegnung. Jede Begegnung, egal ob mit einem Menschen, einem Tier, einer Pflanze, einem scheinbar toten Objekt, einem Ereignis, jede bewusste Wahrnehmung mündet in einer Reaktion, einer Bewertung. Entweder positiv, negativ oder neutral. Der erste selbstgezogene rote Paradeiser des Jahres am Strauch beschert mir ein Glücksgefühl, auf heftigen Zahnschmerz kann ich gerne verzichten und die 0:6 Niederlage von Rapid Wien ist mir egal. So einfach ist das: Supa, gschissn oder wuascht. Ist es so einfach? Im Moment ja!

In einem gegenwärtigen und achtsamen Leben ist das so. Der zerbrochene Zahn nach dem Biss auf eine Nussschale im sonst so köstlichen Nusskuchen meiner Mutter ist nicht wirklich fein, ich kann ihm im Moment nichts Positives abgewinnen und auch nicht neutral betrachten. Das ist gut so, alles andere wäre Selbstbetrug. Im nächsten Moment aber die Backkunst meiner Mutter zu verteufeln, wäre falsch. Und was, wenn ich beim darauffolgenden Zahnarztbesuch die entzückendste Zahnarztassistentin der Welt kennenlerne, wir uns unsterblich ineinander verlieben und miteinander glücklich sind bis ans Ende unserer Tage? Bin ich dann der Backkunst meiner Mutter nicht zu ewigem Dank verpflichtet? Wie auch immer, beide Varianten beruhen auf einer Bewertung. Aus einem Ereignis in der Gegenwart (ein Stück vom Zahn bricht aus), werden Schlüsse auf die Vergangenheit und Zukunft gezogen. Was wohl gewesen wäre, wenn, oder was passieren könnte, wenn nicht. Der Gedanke, sich in jemanden unsterblich zu verlieben und mit diesem Menschen glücklich zu sein bis ans Ende seiner Tage, löst in uns ein angenehmes Gefühl aus. Denn das muss wahre Liebe sein. Dieses Wohlgefühl beruht aber nicht auf einer gegenwärtigen Begegnung, sondern auf einer Vorstellung, einem Gedankenmodell, einem Wunsch, einer Sehnsucht. Dieses Gefühl ist entstanden im Reich der Ideen, es hat seinen Ursprung in der Idee der ewigen Liebe.

Wo immer Sie jetzt gerade sind, widmen Sie ihre Aufmerksamkeit dem jetzigen Moment. Lösen Sie die Augen von den Buchstaben auf diesem Papier und nehmen Sie wahr, was ist. Wie begegnen Sie dem, was ist? Positiv, negativ oder neutral? Und fragen Sie sich jetzt: Wo ist hier die Liebe? Sehen Sie sie, schmecken Sie sie, hören Sie sie, riechen Sie die Liebe um sich? Ach, Sie können sie spüren. Was für eine Gabe, wenn man die Liebe um sich spüren kann. Oder befinden wir uns damit wieder im Reich der Ideen? Bevor Sie sich jetzt über mich ärgern, weil ich »Ihr Spüren« in Frage gestellt habe, tauchen Sie wieder in den jetzigen Moment ein und nehmen Sie wahr, was sich um Sie befindet, begegnen Sie dem, was ist. Wo ist hier die Schönheit? Spüren Sie auch die Schönheit um sich, so wie Sie die Liebe gespürt haben? Oder aber sehen Sie die Schönheit in der Blume auf dem Tisch, hören Sie die Schönheit in der Musik aus den Lautsprechern, greifen Sie die Schönheit beim Streicheln der Katze. Wo wäre die Schönheit ohne Begegnung, wo wäre sie im leeren Raum? Sie existiert nur als eine Idee, ein Begriff, und kann niemals in ihrer Gesamtheit erfasst werden. Sie kann sich uns nur zeigen, indem sie sich in Objekten manifestiert, Gestalt annimmt. Sehen wir die Schönheit in der Natur, weil sie sich uns darin offenbart, oder sehen wir sie, weil wir sie als Überbegriff in die Natur hineininterpretieren? Ich denke, es ist egal, entscheidend ist, dass die Schönheit, die ich in der Natur erkenne, mir gut tut. Ist es nicht mit der Liebe ähnlich? Egal in welcher Gestalt auch immer wir sie erkennen können oder auch erkennen wollen, sie kann uns im Moment gut tun, uns im Moment Glück bescheren. Aber sie kann auch wieder verschwinden, so wie die Schönheit vergeht und zur Hässlichkeit wird, kann auch die Liebe in Gestalt einer Begegnung verschwinden und zu Hass werden. Als Idee wird sie uns, genauso wie die Schönheit, unser Leben lang begleiten.

Und Gott? »Ist Gott nun die Liebe, Herr Kaplan?« »Ja, genau, Gott ist die Liebe.« Dann bin ich ja beruhigt, dass Gott nur eine Idee ist und nichts, vor dem ich mich fürchten muss. Und auch vor der Liebe braucht man sich nicht zu fürchten. Aber wie steht es mit der Unterliebe? (Und damit ist mir elegant die Überleitung zum folgenden Buch gelungen!) Bist du unterliebt? Nein, Herr Prehsler, das bin ich nicht und ich fühle mich auch nicht unterschönt. Und jetzt ganz ehrlich, Sie wissen ja, dass es in Ihrem Buch nicht um die Liebe geht, es geht um das Leben und auch ums Überleben in einer Gesellschaft, in der wir uns immer mehr und mehr vom Leben entfernen. Wenn nun aber die Liebe mehr als eine Idee wäre, wenn die Liebe das Leben selbst ist, dann ... Ja, dann wäre Gott das Leben und wir könnten Gott ausradieren und mit Leben überschreiben. Wäre das nicht eine schöne Welt?

Ich hoffe, Sie hatten viel Freude mit diesem Buch.

Roland Düringer

PS: Eines noch: Da ist gerade in der Welt der Ideen eine Frage aufgetaucht: Wenn ich mit Zahnweh die erste rote Paradeiser am Strauch entdecke, welches Gefühl ist dann wohl stärker. Positiv oder negativ? Oder hebt es sich auf und der Moment ist neutral?

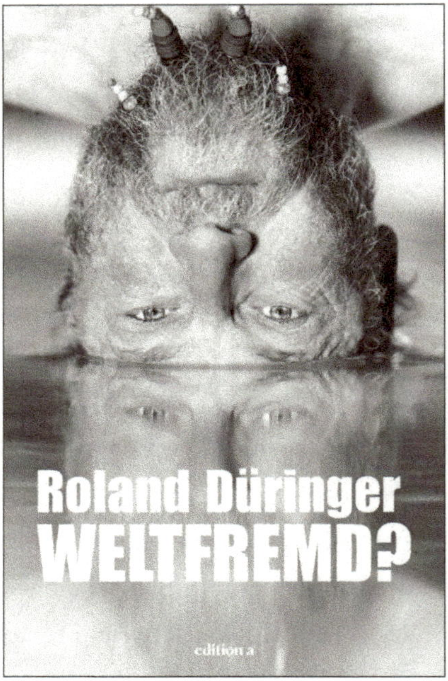
Roland Düringer
WELTFREMD?
edition a

Roland Düringer
Weltfremd?

Fühlen Sie sich manchmal weltfremd? Liegt es vielleicht daran, dass Ihnen die Menschen um Sie das Gefühl vermitteln, in Ihrer Welt fremd zu sein? Ist die durch unser Denken erzeugte Wirklichkeit für Sie bereits zur Welt, wie sie ist geworden? Warum hatte der Neandertaler die Zeit, wir aber haben bloß noch die Uhr? Wie weltfremd ist eigentlich unsere Wirklichkeit?

ISBN 978-3-990011-36-2
416 Seiten, EUR 21,90

Roland Düringer
Clemens G. Arvay
LEB WOHL, SCHLARAFFENLAND
Die Kunst des Weglassens
DU BIST EINE
GÜLTIGE STIMME
edition a

Roland Düringer
Leb wohl, Schlaraffenland

Was kostet mich ein Schritt zurück und was bekomme ich dafür? Ist mein verklärter Blick auf das einfache Leben meiner Kindheit nur ein Trugbild, oder ist der Schritt zurück der erste Schritt nach vorn, um Anlauf zu nehmen und den großen Graben der Verheißungen zu überspringen? Roland Düringer erzählt von seinem Selbstversuch, ein Leben wie früher zu führen und dabei die Zukunft zu gewinnen.

ISBN 978-3-990010-65-5
192 Seiten, EUR 19,95

SONJA SCHIFF
10 Dinge,
die ich von alten Menschen
über das Leben lernte
Einsichten einer
Altenpflegerin
edition a

Sonja Schiff

10 Dinge, die ich von alten Menschen über das Leben lernte

Worum geht es im Leben wirklich? Um Entwicklung, Begegnung, Liebe und Geborgenheit. Das alles kriegen wir nur, wenn wir es uns jetzt holen, denn das Leben findet immer nur jetzt statt. Die erfahrene Altenpflegerin Sonja Schiff erzählt, was sie von alten Menschen gelernt hat, und wie sie ihr Leben verändert haben. Ein berührendes Buch, das unbändige Lust aufs Leben macht.

ISBN 978-3-990011-39-3
192 Seiten, EUR 19,95